缆索系统养护蓝皮书

江阴长江公路大桥缆索系统养护报告

（1999 年—2020 年）

吉　林　吴尚岗　吉伯海　陈雄飞　汪　锋　主编

人民交通出版社股份有限公司

北京

内 容 提 要

本书内容立足于大跨径缆索支承桥梁缆索系统养护技术，是江阴长江公路大桥20多年运营养护工作经验的梳理和总结。本书系统地介绍了大桥历年来在主缆检查及防护、吊索检查维护与更换、主缆锚固系统养护和其他重点构件养护等方面的探索、实践和创新，并对今后养护的重点工作进行了展望。

本书可供从事桥梁维护及管理的人员、科研工作者参考，也可作为我国大跨径桥梁运营养护工作的指南。

图书在版编目(CIP)数据

江阴长江公路大桥缆索系统养护报告：1999年—2020年／吉林等主编. — 北京：人民交通出版社股份有限公司，2020.12

ISBN 978-7-114-16955-7

Ⅰ.①江… Ⅱ.①吉… Ⅲ.①长江—公路桥—公路养护—研究报告—江阴—1999-2020 Ⅳ.①U448.14

中国版本图书馆CIP数据核字(2020)第229493号

Jiangyin Chang Jiang Gonglu Daqiao Lansuo Xitong Yanghu Baogao(1999 Nian—2020 Nian)

书　　名：江阴长江公路大桥缆索系统养护报告(1999年—2020年)

著 作 者：吉　林　吴尚岗　吉伯海　陈雄飞　汪　锋

责任编辑：丁　遥　石　遥　刘　彤

责任校对：刘　芹

责任印制：刘高彤

出版发行：人民交通出版社股份有限公司

地　　址：(100011)北京市朝阳区安定门外外馆斜街3号

网　　址：http://www.ccpcl.com.cn

销售电话：(010)59757973

总 经 销：人民交通出版社股份有限公司发行部

经　　销：各地新华书店

印　　刷：北京市密东印刷有限公司

开　　本：787×1092　1/16

印　　张：5.75

字　　数：130千

版　　次：2020年12月　第1版

印　　次：2020年12月　第1次印刷

书　　号：ISBN 978-7-114-16955-7

定　　价：50.00元

本书编审委员会

主　　审：周世忠　钟建驰　陈祥辉　陈金东
　　　　　吴赞平

主　　编：吉　林　吴尚岗　吉伯海　陈雄飞
　　　　　汪　锋

编　　委：张宇峰　高岩渊　孙洪滨　傅中秋
　　　　　袁周致远　孙　震　姚永峰　孙孝婷
　　　　　李　军　郭道俊　董　涛　范凌泰

编写单位：

江苏扬子江高速通道管理有限公司

河海大学

江苏交通控股有限公司悬索桥养护技术研究中心

序

1999 年 9 月 28 日，江阴长江公路大桥(简称“江阴大桥”)建成通车，代表了我国建桥水平的新高度。此后 20 年间，我国已建成和在建的千米以上跨径的悬索桥已有 20 余座，其中 6 座的跨径在世界上位列前十，最大跨径达到 1 700m。这些成绩的取得既是桥梁人的努力，又得益于国力的强大支撑。

但我们清醒地认识到，工程的服务期一般都远远长于其规划与建造期，工程的效益是在百年服务期中发挥、积累和显现出来的。从这一高度认识，以养护和管理为主要任务的工程“运营”实质上是工程建造的延续过程。建好“百年大桥”不易，养好“百年大桥”更难。要树立起“建造是生产力、养护管理也是生产力，建造是发展、养护管理也是发展”的可持续发展的哲学理念。作为新兴的“桥梁大国”，我国在桥梁养护管理方面还是小学生，需要脚踏实地向实践学习，借鉴有几十年运营历史的悬索桥养护经验，实现再一次的追赶与创新。

众所周知，缆索系统是大桥主体的核心构件，是大桥最重要的“生命线”，其安全性和耐久性直接决定了全桥结构安全和服役寿命。20 多年来，江阴大桥车流量逐年增长，已累计突破 4 亿辆。与此同时，大桥缆索系统面对复杂自然环境下的腐蚀和世界上少有的重载、超载、大交通量的承重条件，其养护管理是一项极为严峻的挑战。

江阴大桥养护运营团队编写的《江阴长江公路大桥缆索系统养护报告(1999 年—2020 年)》，系统介绍了大桥 20 多年来的养护运营历程，涵盖了“健康性检查、预防性养护和延续性(功能性)再造”的系统性维护方法，运用哲学思维，开展“从整体到局部，从宏观到细观，不断推进精细化养护”的实践与创新(改造主缆防护体系，开缆检查内部钢丝状态，增设主动防护的主缆除湿系统，研发新型耐磨损吊索轴套，长短吊索更换，旧吊索服役性能评估，多手段应对锚室渗水，加强附属构件养护等)，逐步丰富起了缆索系统养护管理的“中国经验”。

报告中的字字句句透视出江阴大桥养护运营团队 7 000 多个日日夜夜守护的心血，不禁令人肃然起敬。他们从高起点的养护目标出发，脚踏实地一步一步地在实践中求索，从孜孜不倦、虚心求教的精神,到养护及运营管理的不断创新,从一点一滴经验的积累,到整个养护运营管理的系统总结,无不展示出江阴大桥养护运营团队求真务实的作风。应该说,江阴大桥养护运营的实践是我国长大桥养护运营管理的一面旗帜、一个样板、一座标杆。本书值得桥梁管养单位特别是缆索系统养护工作者学习与借鉴,对于我国长大桥梁养护运营技术进步有着十分重要的指导意义,对工程实践成果的再认识(工程后评估)是推动工程规划和设计进步与提高工程品质的最有价值的财富。

展望未来,希望大桥养护运营团队继续秉承"世界领先、人民满意、有效支撑社会主义现代化建设"的交通强国战略要求,以"创新、协调、绿色、开放、共享"五大发展理念为指引,面向"改革攻坚、养护转型、管理升级、服务提质"精准发力,继续弘扬"两路精神",砥砺奋进,向世界展示中国桥梁建设的新成就,为丰富世界桥梁技术宝库贡献出"中国智慧"。

凤懋润

(交通部原总工程师)

2020年10月

前　言

江阴长江公路大桥(简称“江阴大桥”)于1999年9月建成通车,是我国首座跨径超千米的特大型钢箱梁悬索桥。20多年来,江阴大桥车流量逐年增长,已累计突破4亿辆,重载、超载、大流量等问题长期困扰着大桥的运营管理和养护工作,桥梁日益增长的养护需求和车辆畅行之间的矛盾愈发突出,构件的安全性和耐久性面临严峻挑战。

缆索作为江阴大桥主体的核心构件,是大桥的重要生命线,其安全性和耐久性直接决定了全桥结构安全和服役寿命,然而在外部复杂多变的环境作用下,缆索体系病害问题也逐步凸显,已成为江阴大桥日常养护的重点工作内容。江苏扬子江高速通道管理有限公司在“科学、精准、务实、创新”的苏式养护理念的指导下,坚持“构件可靠、部件耐久、结构安全”的养护思路,针对江阴大桥缆索系统养护的特殊性,在改造主缆防护体系、增设除湿系统、长短吊索更换、螺杆力检测等方面,先后联合国内多家单位开展了系统性的研究工作,已经形成和建立了一套较为全面的缆索系统养护技术体系,并取得了积极效果,为缆索耐久性提供了重要的技术保障。

2020年是“十三五”的重要收官之年。2020年5月,为进一步提升公路工程技术创新能力和技术水平,支撑公路行业转型升级和高质量发展,在我国大跨径桥梁数量不断增加的背景下,交通运输部发布了《关于深入推进公路工程技术创新工作的意见(征求意见稿)》,对公路桥梁的养护提出了更高要求。机械化、智能化、标准化养护将会成为今后的重点发展方向,而缆索系统作为悬索桥的重要构件,在今后的百年历史潮流中,也将面临新的难题和挑战。

本蓝皮书重点针对江阴大桥缆索系统,介绍了江阴大桥20多年来在缆索系统养护方面的工作和技术创新,归纳总结了缆索系统的典型病害、产生部位和处治手段,相关工程实践经验可为我国同类型桥梁的养护以及新桥的设计优化提供参考。

目　录

1 养护概况

1.1 大桥概况

江阴长江公路大桥(简称"江阴大桥")位于长江三角洲地段的中部,是北京至上海国道主干线的跨江"咽喉"工程。江阴大桥于1994年11月开工,1999年9月建成通车;北起靖江南互通,上跨长江水道,南至江阴北互通,线路全长3 071m;主桥为双塔悬索桥,采用336.5m + 1 385m +309.34m跨径布置。作为江苏省跨越长江的第二通道,江阴大桥截至2019年底的日均车流量已超过10万辆,最高峰日均车流量达到16.09万辆,已成为江苏省促进社会交流与经济发展的重要纽带。

主桥由四部分组成:主塔、锚碇(基础和锚体)、主梁(钢箱梁、支座、伸缩缝等)及缆索(主缆、索夹、鞍座、吊索)。

主塔:主塔采用钢筋混凝土门式框架结构,由两根塔柱及三道横梁组成。南、北塔高度分别为186.85m、183.85m,南、北塔桥面以上高度分别为136.16m、143.08m。

锚碇:南锚碇为嵌入式混凝土锚碇,北锚碇为重力式混凝土锚碇。

主梁:主梁为扁平流线型钢箱梁,梁高3m,梁宽36.9m,其中桥面宽29.5m,钢箱梁面板为正交异性板。

缆索:主缆采用预制平行索股法(PPWS)编制而成,主跨、边跨的主缆分别由169根、177根索股组成。主缆直径跨中为876mm,边跨为897mm,两主缆中心距为32.5m,主缆垂跨比为1:10.5,成桥状态下矢高为131.905m。每根索股由127根直径为5.35mm、强度达1 600MPa的高强镀锌钢丝组成。长度大于10m的吊索,采用带聚乙烯(PE)护套的平行钢丝索股,索股由109根直径为5.0mm的高强镀锌钢丝构成。长度小于10m的吊索采用直径为80mm的金属丝绳芯(IWRC)钢丝绳加PE护套。

江阴大桥桥跨布置形式如图1.1所示。

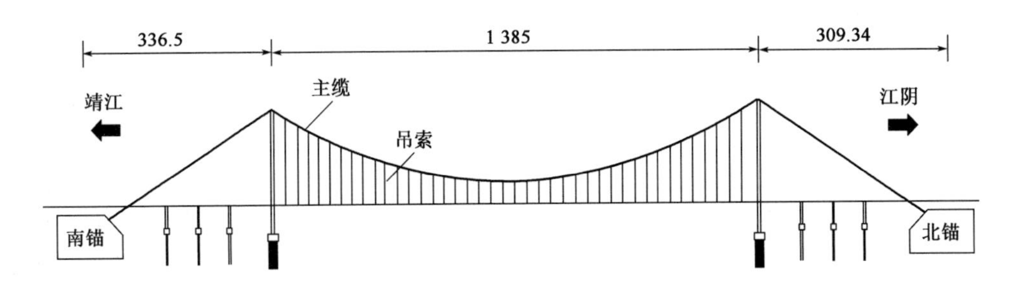

图1.1 江阴大桥桥跨布置形式(尺寸单位:m)

江阴大桥全线按双向六车道高速公路标准设计,设计车辆荷载为汽车超-20级、挂车-120,设计风速为40.8m/s,地震基本烈度为6度。主桥桥面全宽36.9m,初始桥面铺装结构为浇注式沥青面层。桥下通航净高50m,可通航5万吨级巴拿马散装货船。大桥主要技术标准见表1.1。

江阴大桥主要技术标准 表1.1

公路等级	高速公路
设计速度	100km/h
车道设置	双向六车道
荷载标准	汽车-超20级、挂车-120;人群:3.15kN/m^2
设计风速	40.8m/s
通航标准	净宽≥380m,净高≥48m
通航水位	≥14m
通航等级	5万吨级巴拿马散装货船
抗震等级	基本烈度为6度,按7度设防

1.2 养护工作历程

在大桥20多年服役期间,缆索系统作为被养护主体,经历了从被动到预防再到精细化的三阶段递进式养护。

第一阶段:被动性养护。2005年,大桥在通车运营一段时间后,主缆首次出现涂层开裂及渗水问题,公司利用HM106硫化橡胶对主缆防护系统进行全面提升改造。2007年,为进一步对吊索索体加强防护,针对吊索索体PE护套开裂,利用“三胶两布”防护工艺,解决了吊索渗水问题。此阶段主要是针对主缆及吊索出现的开裂及渗水问题,以解决问题为主,开展被动性养护。

第二阶段:预防性养护。2009年,针对吊索聚四氟乙烯复合材料(DU材料)轴套磨损问题,公司自主研发了新型自润滑高强轴套材料(锡青铜材料)。该材料寿命可达30年,是原DU材料的3倍。2010—2012年期间,对52根短吊索进行更换,形成了成熟的“单吊点”施工工艺,针对长吊索的特殊性,确定了“五吊点”施工工艺,并于2018年对更换下来的吊索开展了索体解剖、疲劳试验、静载试验、钢丝松弛试验等一系列研究。研究结果表明,在经过近20年使用后吊索状况依然良好,断丝数量、铸体的弯曲性能和锚具的锚固性能都在设计允许范围内。2013年,为了解主缆钢丝锈蚀情况,开展了国内首次主缆开缆检查,在跨中主缆最低点处打开了400mm长的缠丝,安装360°全景观察窗,并埋设温湿度传感器进行主缆内部湿度实时监测,掌握主缆表面钢丝锈蚀和湿度状况。2014年,完成国内首次既有悬索桥主缆除湿系统增设,解决了主缆内部钢丝锈蚀问题,确保主缆结构安全。此阶段是在被动性养护的基础上,变被动为主动,开展前瞻性养护工作,通过科学且及时的预防性养护,有效提升缆索系统的耐久性。

第三阶段:精细化养护。针对缆索系统的鞍座、索鞍、锚室等构件开展精细化养护,同时在被动性养护和预防性养护经验的积累下,针对缆索系统开展持续性的课题研究,包括养护技术的实施方案、工艺流程及评估体系等。该系列的课题研究不仅为大桥后续的养护提供经验参照,也为同类型桥梁缆索体系养护工作的开展提供有益借鉴。

缆索体系养护关键事件见图1.2,围绕缆索体系养护开展的主要科研工作见表1.2。

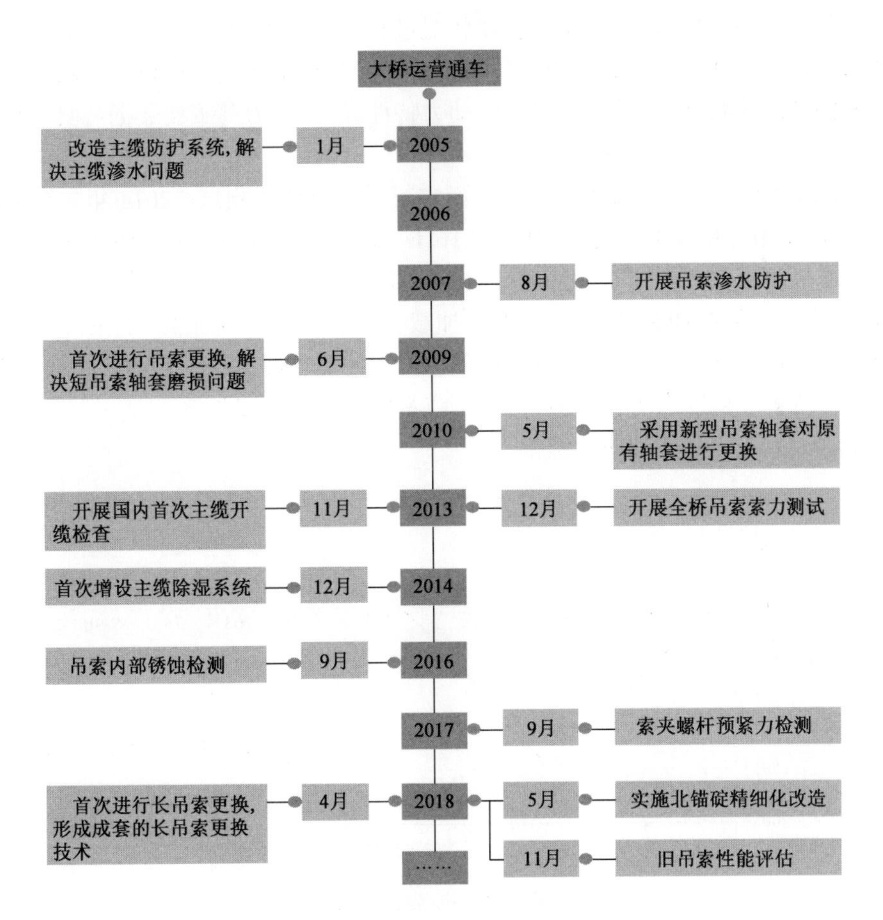

图 1.2 缆索体系养护关键事件

围绕缆索体系养护开展的主要科研工作　　表 1.2

序号	主要科研工作	时　间
1	基于全寿命成本的江阴大桥监测、维护与管理策略研究	2006.03—2009.12
2	长大跨桥梁结构状态评估关键技术与应用	2006.06—2012.06
3	新型吊索轴套选型技术及吊索更换技术研究	2009.02—2012.09
4	既有悬索桥增设主缆除湿系统关键技术研究	2014.06—2015.06
5	大跨径缆索承重桥梁养护关键技术研究	2014.09—2016.09
6	江阴长江公路大桥主缆防护关键技术研究与应用	2014.10—2016.05
7	大跨度悬索桥吊索状态评估及长吊索更换技术研究	2015.12—2017.12
8	桥梁瞬时索力精准测量技术研究与应用	2017.01—2018.12

1.3　主要技术状况

缆索系统结构技术状况的整体评估是在充分掌握各个主体构件当前技术现状的基础上，

结合长期的跟踪检测结果,对缆索系统整体状况进行的综合性评估。评估依据一方面来源于主要构件的日常检查和专项检查结果,另一方面来源于2014年大桥全桥结构状态检测工作中对缆索系统构件的检测结果,尤其是主缆的动力特性、吊索索力等重要数据。具体检测评估工作如下:

(1)主缆动力特性。在主缆动力特性方面进行了针对性的测试。2014年主缆的动力特性测试结果为0.215Hz,和竣工时的试验值0.216Hz基本一致,表明主缆结构性能未发生明显变化。针对主缆挠度变化开展了车辆静载试验。试验结果表明,在不同加载工况(主桥北侧 $L/4$ 对称加载、跨中 $L/2$ 偏载加载、跨中 $L/2$ 对称加载、南侧 $3L/4$ 对称加载)下主缆关键测点的挠度实测值均小于理论计算值。其中,对称加载工况下的挠度测试结果表明桥梁对称性良好,偏载工况下下游侧主缆挠度大于上游侧,说明主缆整体性良好。以加载工况一为例,图1.3给出了主缆挠度测试值与计算值的对比结果。

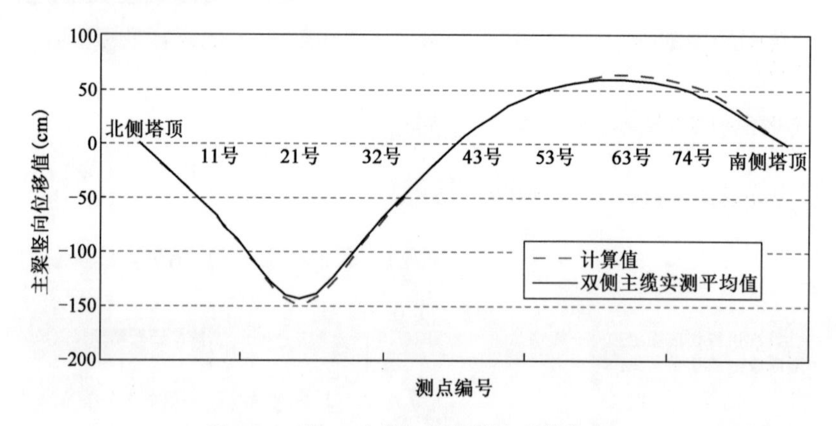

图1.3　工况一:主缆挠度测试值与计算值对比

(2)锚跨索股索力。为了对主缆技术状况进行更深入的了解,全桥结构状态检测中对锚跨索股索力开展了相关测试,包括锚跨索股的安全储备系数分析、实测与竣工索力对比、上下游索力对比以及不同岸侧索力对比。分析结果表明:索股索力整体上未出现拉力过大或索股松弛现象,证明索股安全状况良好;实测索力与竣工恒载索力对比系数处于0.86~1.10之间的占比为96.5%,索力值整体上未发生较大偏离;同岸侧上游与下游索股索力比值主要位于0.86~1.15之间,两主缆整体受力状况相似,未出现明显扭转受力现象;上下游的南岸、北岸索股索力比值主要位于0.86~1.15之间,两主缆南岸、北岸锚固受力状况相似,未发现明显受力不均现象。目前,主缆整体性能良好。图1.4给出了上下游北岸、南岸索股索力比值分布。

(3)吊索索力。考虑到吊索索力是评估悬索桥结构健康状态的重要指标,因此在全桥静载试验中对吊索索力及吊索内力增量进行测试。索力测试结果表明,大桥吊索的索力值均在规范规定值730kN的10%偏差范围内,满足规范要求。吊索内力增量的实测值与理论计算值对比结果表明,吊索的内力增量校验系数在0.91~0.97之间,表明大桥吊索状态良好。图1.5给出了部分吊索索力测试值。

(4)锚室湿度。将锚室内相对湿度控制目标定为50%。根据2004—2019年检测结果可知,除北锚室西侧2005年因机器故障未能读取湿度,其余年份锚室相对湿度均小于40%,满足控制目标要求。2019年南、北锚室相对湿度在37.5%左右,锚室内湿度控制良好。图1.6

给出了2004—2019年南、北锚室相对湿度历年变化情况。

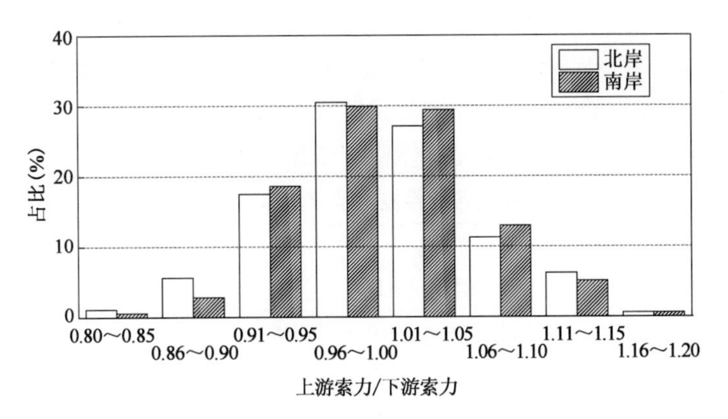

图1.4　上下游北岸、南岸索股索力比值分布

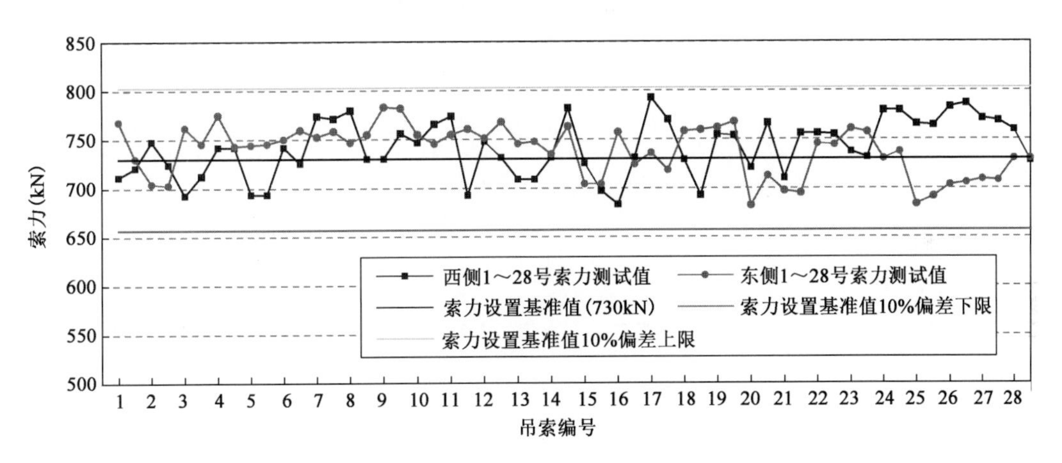

图1.5　部分吊索索力测试值

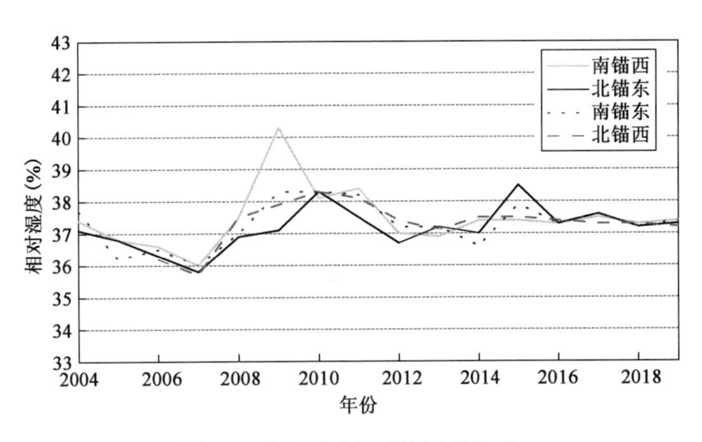

图1.6　南、北锚室相对湿度历年变化

(5)锚碇基础稳定性。江阴大桥北锚采用沉井基础,南锚采用扩大式基础。自大桥建成通车以来,每年均对南锚基底水平抗力、基底垂向反力及北锚沉井地基土水平向抗力进行监测。根据历年检测数据可知,南锚基底垂向反力变化量很小,其差异在测量误差允许范围之

内;北锚沉井前侧地基水平向抗力变幅不大,沉井前侧土体有微小的压缩。总体而言,锚碇基础早期在荷载作用下发生轻微沉降,但在允许误差范围内,后期未继续发生沉降、滑移及转动。

(6)索鞍外观。鞍座表面技术状况良好,鞍室内部未见异常,鞍座顶部无明显涂层损坏及锈蚀;散索鞍表面技术状况良好,未发现钢材锈蚀、涂层缺损等情况。

江阴大桥缆索系统各构件技术状况总体检测结果如表1.3所示。

缆索系统各构件技术状况总体检测结果 表1.3

序号	构件	检测部位	技术状况
1	主缆	表面涂层	表观整体状况良好
2		动力特性	2014年主缆动力特性测试值为0.215Hz,小于竣工试验值0.216Hz(1999年),主缆结构性能未发生明显变化
3		竖向挠度变形	竖向挠度在不同加载工况下实测值均小于理论值,主缆整体性能良好
4		锚跨索股索力	索股索力整体上未出现拉力过大或索股松弛现象,安全状况良好
5	吊索	表面涂层	表观整体状况良好
6		吊索索力	吊索索力均在规范规定值(730kN)的10%偏差范围内;吊索内力增量(实测值与理论值之比)校验系数均在0.91~0.97之间,吊索状态良好
7		索夹螺杆预紧力	螺杆预紧力满足规范要求,索夹受力均匀,状况良好
8	锚碇	锚室湿度	锚室室内相对湿度均小于40%,满足设计要求
9		基础稳定性	南、北基础在荷载作用下均未发生沉降、滑移及转动,技术状况良好
10	索鞍	外观	表观整体状况良好

② 主缆检查及防护

2.1 日常检查内容

主缆作为缆索系统中的主要组成部分,虽然在设计、建造阶段都采取了充分的防护措施,但在实际的运营中仍难以避免会产生一些问题,比如因材料性质、使用环境、细部构造及施工等因素,空气中的腐蚀气体及雨水侵入索体,造成钢丝的腐蚀;车辆荷载、风荷载、雨振风振等动力作用导致索体钢丝承受循环荷载作用,产生疲劳失效。因此,运营期间需加强对主缆的检查、防护,以保证其健康和安全。

针对运营期间大桥缆索检查,公司联合多家单位专门编制了《江阴大桥缆索系统检查方案》,并依据此方案每年委托具有相关资质的单位对江阴大桥主缆进行检查,检查分为常规检查和结构检查。

2.1.1 常规检查

主缆的常规检查每年 1 次,采用主缆检修车进行检查,具体检查内容如下:

(1)目视检查主缆 HM106 密封胶外表面的油漆,若发现漆膜损坏(如开裂、粉化、碎片、针孔或剥落),应予清洗后重新进行修补。

(2)检查主缆 HM106 密封胶有无开裂、鼓包、剥落等病害,如有损坏需对损坏部位重新修复。

(3)检查索夹环缝密封胶有无开裂、脱落等病害,如有损坏需对损坏部位重新修复。

(4)检查索夹有无滑移,索夹螺杆有无断裂等病害。

(5)检查跨中主缆油漆有无气泡、剥落,索夹滴水口有无渗水现象。

2.1.2 结构检查

结构检查是在常规检查的基础上进一步开展的深入检查,主要检查内容包括内部钢丝的锈蚀和强度、主要构件的滑移以及湿度等情况,具体检查内容如下:

(1)在外观检查时若发现主缆缠绕钢丝已严重破坏,如锈蚀或断丝严重的部位,应打开缠丝,将主缆暴露出来以进行更深入的检查。

(2)对锚室内的索股进行目视检查,看有无钢丝松弛、鼓丝和断丝现象。

(3)对鞍罩内的主缆进行外观检查,通过对主缆环形油漆标志的检查,确定主缆索股有无滑移。

2.2 主缆防护体系

2.2.1 主缆防护方法概述

主缆防护工作主要针对其内部钢丝的防腐开展,目前主要有两种方式,即主缆密封和主缆除湿。

主缆密封是较早的防护方法,主要是对主缆表面进行防腐涂装,即涂抹防护腻子,并用缠丝缠绕,外加保护层,其结构形式如图 2.1 所示。这种主缆防护方法实际上是通过对主缆外层进行密封包裹来防止水分侵入其内部,以达到防腐目的。

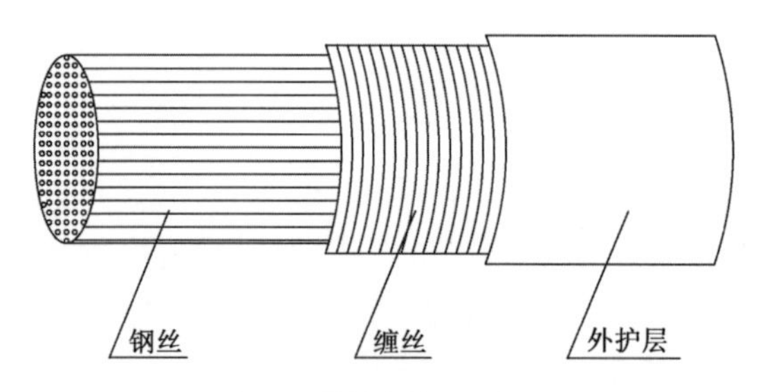

图2.1 传统主缆防护结构

截至目前,随着材料、工艺的发展,主缆防腐涂装体系也变得丰富多样,归纳起来主要可以分为欧美体系和日本体系。

欧美国家建造悬索桥梁数量多、历史长,其主缆防护一般在主缆缠丝前使用铅丹油膏或聚氨酯锌粉膏,圆形钢丝缠丝,主缆缠丝后使用醇酸、环氧、丙烯酸酯、聚氨酯油漆的常规防护体系。

日本随着战后经济的飞速发展,从20世纪70年代开始大规模进行道路交通建设,其主缆防护技术也进行了不断的更新换代,形成了多种防护体系:

(1)"密封膏+圆形钢丝缠丝+重防腐涂装"体系。本类防护体系已被目前大多数悬索桥采用,并且随着技术发展,其涂装材料逐步被替换为更为先进的高分子材料,如含氟聚氨酯涂料,改性有机硅、聚硫等索夹结构缝隙用密封剂。

(2)"白鸟桥"体系。本体系为"密封膏+S形钢丝+柔性重防腐涂料+新型索夹密封结构",其中索夹密封结构中增加了吸水性能好的防水密封材料。本体系的显著特点是首次采用了S形钢丝进行缠丝,钢丝在缠绕后可相互咬合在一起,不会随主缆的伸缩运动而相互错动,因此不会产生涂覆的开裂等损伤,有效提高了结构的密封性,但不能根本解决在施工过程中内部的积水及结露等内部环境干燥问题。

(3)"濑户桥"体系。濑户桥共有3座悬索桥,1988年建成,当时采用的是传统的"密封膏+圆形钢丝缠丝+重防腐涂装"方案。1993年对北备瓒濑户大桥(1988年使用)中跨附近的钢索全面打开调查,证实有腐蚀倾向。从1994年开始开发"送风干燥系统"(进行高气密性的包覆,缆索内部吹入干燥空气防腐的方法),为了证实这一系统的有效性,进行了模拟缆索的试验和实际大桥上的确认试验。随后逐步将濑户3座桥改建加装送风干燥系统。该"送风干燥系统"在濑户桥首次开展应用研究,在世界上也是初次尝试。

(4)"明石桥"体系。本体系为"圆形钢丝缠丝+橡胶包覆层+送风干燥系统",其特点是圆形钢丝缠丝前不用密封膏,用橡胶包覆层确保主缆的气密性和防水性,同时第一次完整采用了主缆送风干燥系统。

20世纪80—90年代,美国、日本及欧洲国家相继开展主缆防护技术的研究和应用,通过研究普遍认为主缆钢丝腐蚀主要与在索缆架设施工过程中滞留在主缆内部的水分和建成后从外部侵入的水分有关。新日本制铁株式会社认为在新建桥梁中应克服此类问题,在通过一定的试验研究的基础上开发了"主缆除湿系统"以及S形缠丝,并在新建的悬索桥主缆防护技术中开展运用,积累了大量工程实践经验。欧洲一些国家在已建桥梁上也采用了这种主缆干燥空气注入主缆内部的除湿方式,阻止悬索桥主缆钢丝进一步锈蚀,以达到延长主缆使用寿命的目的。自润扬长江公路大桥首次从日本全套引进主缆除湿系统以来,国内立足于引进、消化、吸收,对特大型桥梁悬索桥主缆除湿系统进行了国产化自主研发,在全面掌握核心技术的基础上,该系统得到了长足应用,目前已经成为悬索桥主缆防护的主流技术。

2.2.2 大桥主缆防护体系升级改造

在大桥建成之初,由于我国缺乏相关主缆防护经验,江阴大桥主缆防护体系主要借鉴了国外传统的 Roebling 主缆防护体系,即采用挤压成型(接近圆形)的主缆外表面涂抹锌粉防锈腻子,并缠绕钢丝,外涂油漆,见图 2.2。外层油漆采用的是 LEIGH'S 牌油漆,分 6 道进行涂装:第 1 道为磷酸锌环氧酯涂料,干膜厚度为 50μm;第 2 道为云铁酚醛漆,干膜厚度为 65μm;第 3 道同第 2 道;第 4 道为中间漆,干膜厚度为 35μm;第 5 道为醇酸面漆,干膜厚度为 35μm。油漆最小干膜总厚度为 250μm。

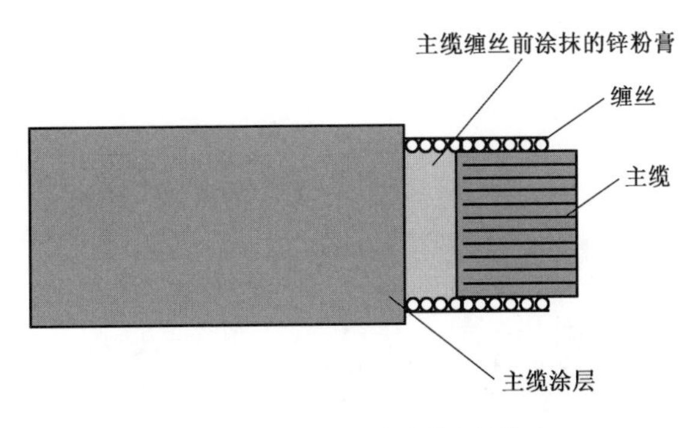

图 2.2 江阴大桥原有主缆防护体系

主缆缠丝前涂抹的油性锌粉密封膏对主缆钢丝有阴极保护作用,有明显的防腐蚀效果,但其相对密度达 7 ~ 8,对主缆的增重较大且黏结性也较差。另外,在经过缠丝后采用重防护油漆进行外层保护,在理论上是可行的,但由于圆形钢丝缠丝不可避免会出现不均匀缝隙,因此几道油漆不可能完全有效保护,即主缆表面局部地方有油漆开裂脱皮的现象,从而造成主缆个别部位进水。

大桥运营 5 年后,在日常检查中发现主缆表面油漆脱落恶化严重,大部分涂膜存在起泡、开裂、脱落和粉化等破坏现象,并伴有渗水现象,局部区域存在锈迹,见图 2.3。

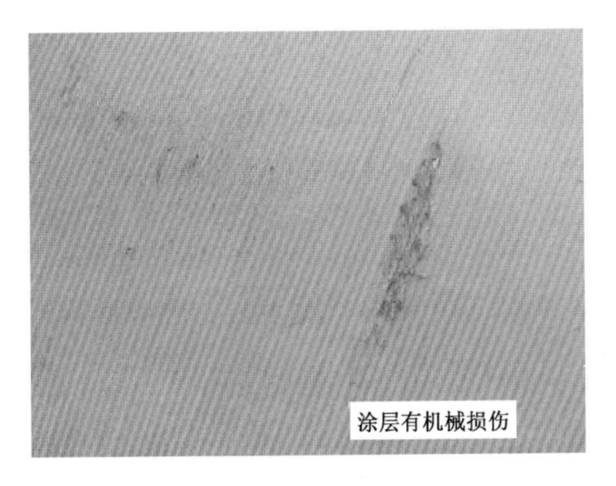

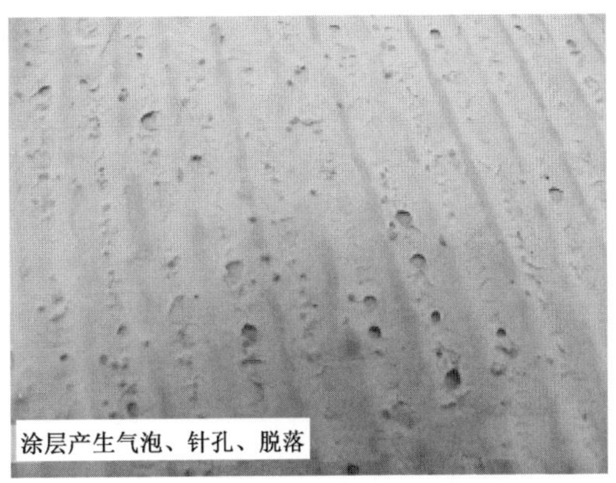

图 2.3 主缆表面涂层缺陷

针对上述情况,为减少主缆内部水汽进入,及时有效地保护钢丝,公司于2005年对主缆防护系统进行改造,其具体涂装材料和施工工艺如下:

(1)用铲刀等工具对主缆原有的附着不牢的旧涂层进行铲除,对附着较牢的涂层进行粗糙处理。

(2)用X-7、X-10专用溶剂对缠丝表面进行仔细清洗,去除原有缠丝表面残留的密封膏;并对原涂层进行清洗,匀涂BC-1处理剂。

(3)刷涂XF06-2磷化底漆1道,干膜厚度为10μm(仅用于露出缠丝部位)。

(4)刷涂881D环氧云铁底漆2道,干膜厚度为80μm(仅用于露出缠丝部位)。

(5)刮涂HM106密封剂3~4道,平均厚度为2.5mm。

(6)刷涂881YM聚氨酯面漆3道,干膜厚度为180μm。

(7)顶部30cm宽用881YM聚氨酯面漆及石英砂制成防滑层。

升级改造后的主缆防护体系见图2.4。后期的观测结果表明,新型防护体系有效解决了长期存在的主缆渗水问题,提高了主缆内部钢丝的耐久性。

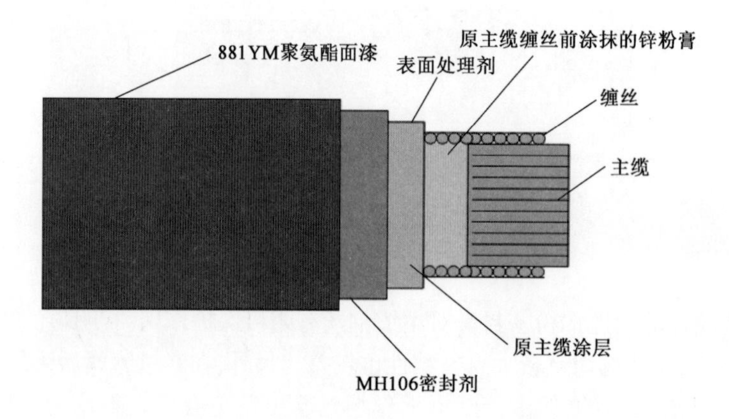

图2.4 江阴大桥主缆密封改造示意图

2.3 主缆开缆检查

大桥主缆防护体系升级改造后很好地解决了主缆外部渗水问题,但主缆内部钢丝的锈蚀程度仍不明朗,主缆内部既有病害状态未知。为进一步了解和掌握主缆钢丝锈蚀程度,为后续主缆养护决策积累第一手资料,公司于2013年1月进行国内首次主缆开缆检查。

此次开缆检查选取下游主缆的主跨中心点位置进行,检查节段长度定为400mm,如发现大面积锈蚀,则按规定再进行更深一步的检查,开缆位置见图2.5。这个位置点相对较低,如果大缆防护层有渗水情况发生,这里的锈蚀更容易被发现,同时永久观察窗的设置和长期跟踪观测更加便捷。

选定位置后,采用搭设钢管脚手架的方法实施检查作业,并设有必要的防雨措施,以保证在打开主缆检查直至增设检查窗期间不会让雨水侵入主缆,如图2.6所示。

图 2.5　主缆检查位置

图 2.6　脚手架搭设

首先对主缆外观和尺寸进行检查,检查前将主缆表面的水分、油污、锈蚀、盐渍等污物用丙酮或其他清洁剂清洗干净,如图 2.7 所示。

图 2.7　主缆表面清洗

图2.8　主缆表面聚氨酯面漆脱落

仔细检查主缆表面涂层,发现主缆表面存在部分聚氨酯面漆粉化、脱落等现象,未见开裂、鼓包、起泡等病害,如图2.8所示。

根据脱落情况,将检查段附近的表面防护剥除,露出缠丝,采用铝热焊将缠绕钢丝并焊,再将焊头打磨平,如图2.9所示。

上述检查完毕后,选取检查点附近400mm主缆,用铲刀、美工刀等工具去除主缆表面涂装层,检查缠绕钢丝外表面状况,仍可见到缠绕钢丝外表面镀锌层存在氧化现象,缠绕钢丝排列紧密,未见锈蚀及断丝,如图2.10所示。

图2.9　缠绕钢丝焊接

去除检查节段缠绕钢丝,未见残留水分流出,说明主缆在2005年采用新型防护结构后防护效果明显,可有效防止外界水分进入主缆。但在缠绕钢丝内侧有锈蚀现象,且主要集中于主缆下部,说明主缆内部曾有水分残留,导致下部缠绕钢丝锈蚀,如图2.11所示。

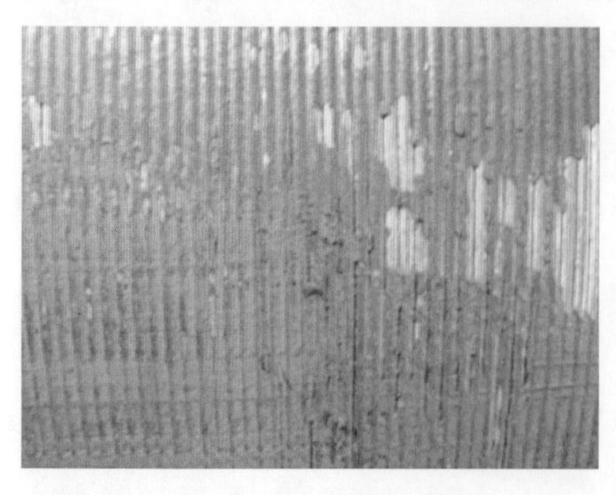

图2.10　缠绕钢丝外表面

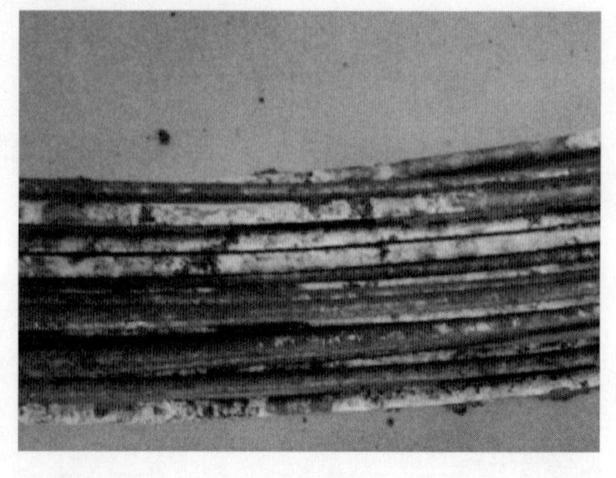

图2.11　去除的缠绕钢丝内侧锈蚀

去除缠绕钢丝后,发现锌粉腻子变干且有局部腻子覆盖不饱满现象,同时发现主缆下部腻子表面存在锈蚀产物残留,沿直径长度约1m,如图2.12所示。

a)腻子覆盖不饱满

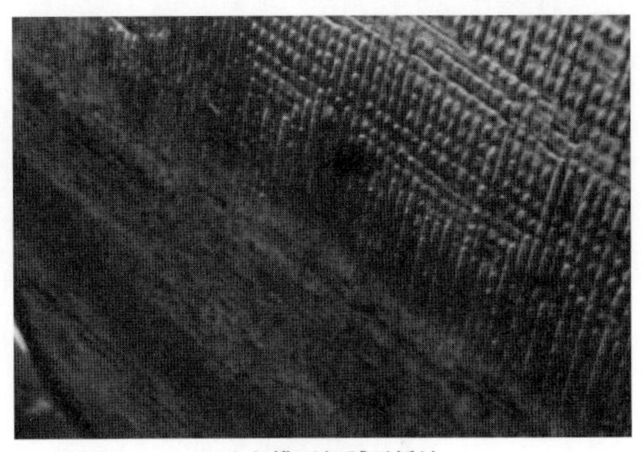

b)主缆下部腻子锈蚀

图 2.12　主缆腻子状况

去除主缆表面防锈腻子，发现主缆上部钢丝表面状况良好，未见红锈，按照美国NCHRP534 报告中对钢丝锈蚀程度的分类，将其划分为1 ~2级，从底部起，约 1/3 主缆表面存在轻度锈蚀现象，局部为 3 级锈蚀，如图 2.13 所示。

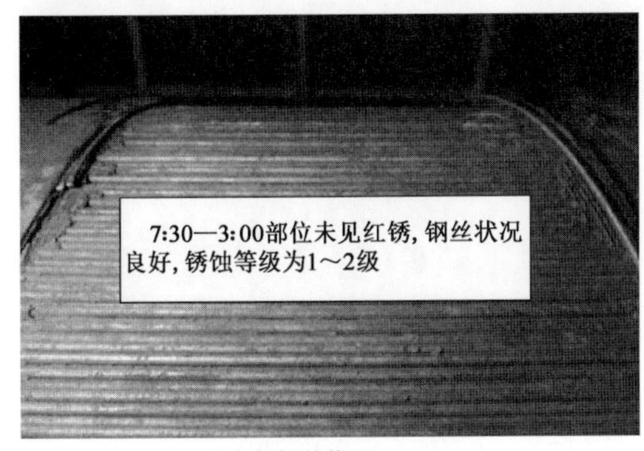

a)上部钢丝状况

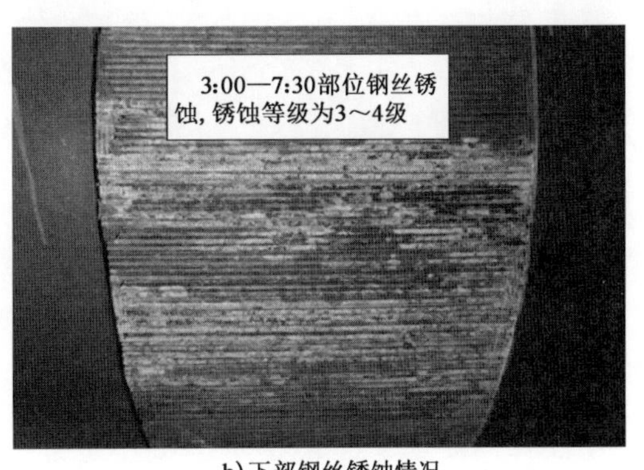

b)下部钢丝锈蚀情况

图 2.13　主缆表面钢丝状况

此次检查过程中也发现，在部分表面钢丝状况较好的区域，紧邻表层的次外层钢丝中也发生锈蚀现象，见图 2.14。由于此次检查节段较短，无法将表层钢丝打开，因此无法对内层钢丝状况进行检查。

图 2.14　次外层钢丝锈蚀现象

为便于今后对该部位的主缆进行持续观察和监测，不再恢复主缆原防护结构，而采用检查窗将该部位重新密封起来，见图 2.15。同时在检查窗上预留温湿度传感器接口及工业内窥镜插口，通过安装温湿度传感器，对主缆内部温湿度进行监测，并通过江阴大桥原有健康监测系统将数据传输到远程计算机主机中。同时该索夹上预留进气口、流量计接口，方便今后采用干空气对其进行除湿处理，由于此次检查未进行干空气除湿试验，所以这些接口均进行密封处理。

为检查检查窗的气密性，对检查窗进行通气试验，并用肥皂水喷在所有可能的泄气处，看是否有气泡产生,见图2.16。结果表明,检查窗两侧端部有1处漏气,4个观察口也有气泡产生,对上述位置重新进行密封,重新进行气密性试验,检查窗气密性良好,未见明显的气泡产生。

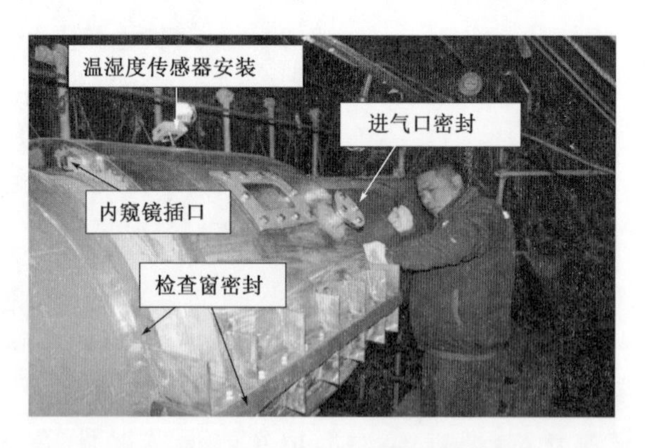

图2.15　检查窗及温湿度传感器安装

图2.16　检查窗气密性试验

气密性试验后,对检查窗两侧密封部位进行油漆涂装,见图2.17。

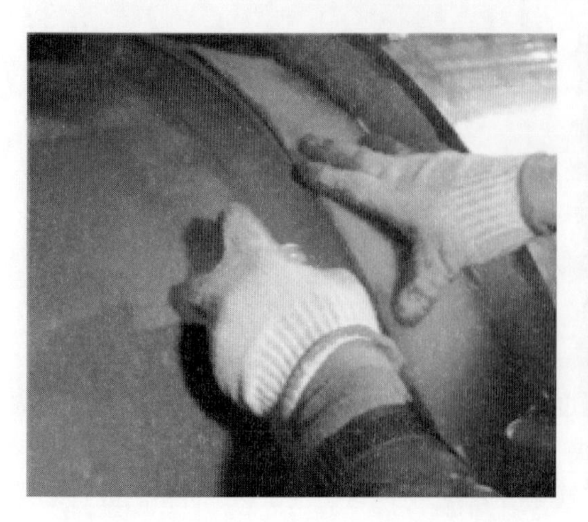

图2.17　检查窗两侧油漆涂装

涂装完成后，拆除检查窗上的内窥镜插口螺栓，将镜头管插入检查窗内，对主缆钢丝表面状况进行观察，见图 2.18。图 2.19 为内窥镜观察主缆钢丝未锈蚀及锈蚀后的照片。

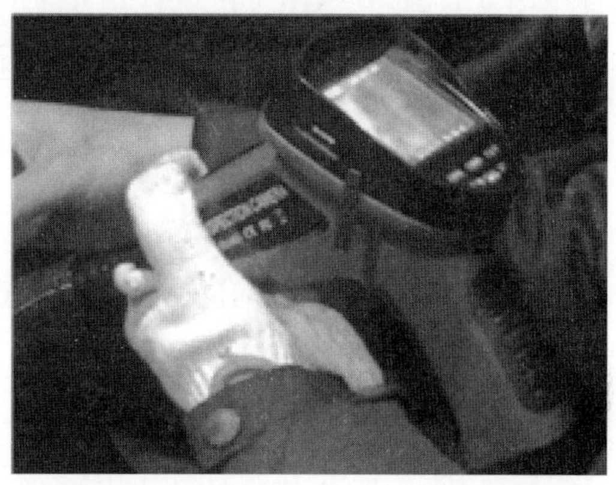

图 2.18　内窥镜观察主缆表面状况

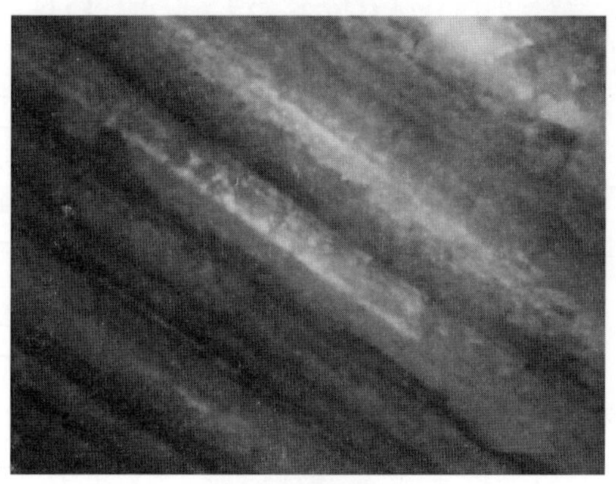

a) 钢丝未锈蚀照片

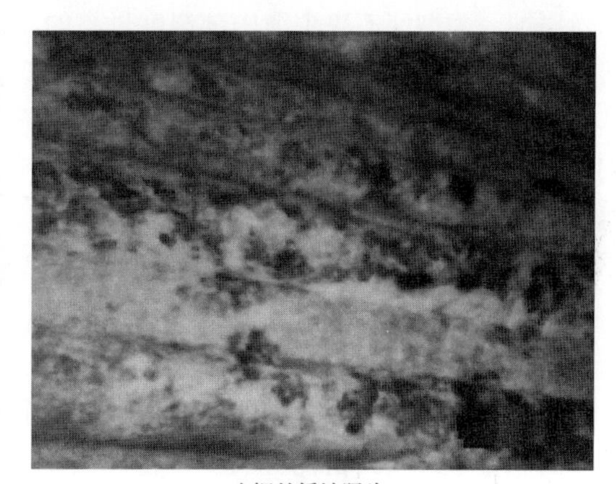

b) 钢丝锈蚀照片

图 2.19　内窥镜观察主缆表面照片

检查完成后拆除防雨篷、钢管架，检查窗照片见图 2.20。

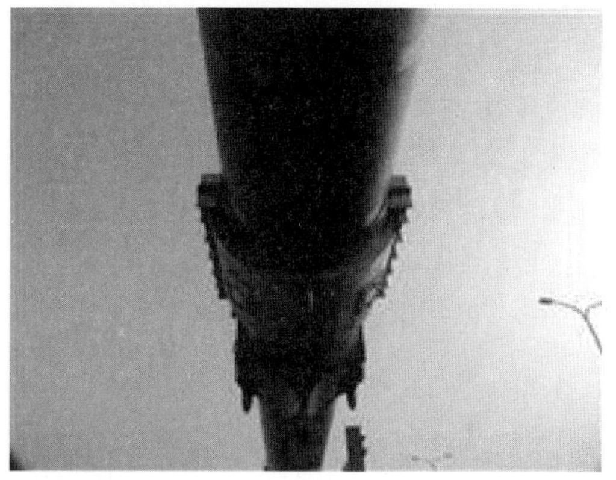

图 2.20　检查完成后检查窗照片

待永久观察窗安装完毕后,利用预先安装的内部温湿度传感器,取2013年3月至2014年2月整个年度的主缆内部温湿度与环境温湿度进行对比分析发现,主缆内部温度略高于外部温度,全年温度差均值为0.8℃,主缆内部的相对湿度基本都在100%。可以认为,虽然没有雨水侵入主缆,但由于密封状态很好,主缆内部环境也处于封闭状态,靠自然的力量已经无法改变主缆内部水分子的数量,长期的高湿度必然会加速主缆的锈蚀,因此有必要采取人工干预的方式对主缆内部的湿度进行有效控制,才能延缓或避免钢丝的锈蚀。

2.4 主缆增设除湿系统关键技术

2.4.1 除湿系统关键参数设计

大桥养护实践证明,采用新型防护体系能够有效解决主缆渗水问题,但是通过对主缆内部的湿度检查发现,早期因渗水导致的残留湿度范围均在100%左右,并且难以排出,仍会加速钢丝腐蚀。为彻底解决主缆内部湿度过高的问题,结合国内外已有桥梁除湿系统设计经验,经研究决定于2014年增设主缆除湿系统,以降低主缆含水量,延长主缆的使用寿命。

由于江阴大桥已运营了一段时间,主缆钢丝有可能发生锈蚀,空气流经主缆内部的阻力与润扬大桥、泰州大桥等当时新建桥梁可能存在较大的差异。因此,对于江阴大桥而言,其除湿系统设计无法直接套用相关技术参数,必须结合江阴大桥主缆的具体状况,其中主缆密封泄漏率和气体通过主缆时的阻力是既有悬索桥增设主缆除湿系统的两个关键设计参数。

2.4.1.1 试验方法

2001年对索夹敛缝采用硫化型密封剂进行处理,2005年对主缆增涂硫化橡胶及聚氨酯面漆。为掌握主缆密封情况,试验对当前密封不作处理,直接进行通风试验,检测分析主缆密封泄漏情况,根据通风试验再决定是否对主缆密封进行处理,如需进行密封修复,则在修复后再次进行通风试验,以分析主缆泄漏率与主缆内部空气流动阻力。具体方法如下:

将离心鼓风机(RB-750A)临时固定于主缆通道,布设电源线,开机前将变频器调速旋钮调至最低,开机后逐渐调整变频器转速,提高风机出口压力。气体从送气夹进入主缆,经由主缆孔隙,从排气夹处流入大气。压力由装设送排气夹的压力表读数。送气流量由装设于送气管道的流量计读数。排气点气流量 Q_{P1} 的测量方法为静态容积法,即计量在测量时间内经换向器流入定容容器的流体量,以求得流量。具体为在试验室内采用涡流流量计标定一个塑料袋的容积,塑料袋最大容积时刻采用人眼确定或袋内外压差确定。用标定好的塑料袋罩住排气口,在现场测量从塑料袋最小充气容积到最大充气容积的时间,根据容积和时间,即可求得流量。图2.21给出了具体的试验流程。

2.4.1.2 空气流动阻力分析

主缆干空气除湿系统在国内外新桥建设和国外旧桥改造中得到了广泛应用,但国内尚未有既有悬索桥主缆改造中应用干空气除湿系统的先例。江阴大桥主缆采用除湿系统,开创了国内先例,为后续国内其他悬索桥主缆改造提供了借鉴和参考。由于润扬大桥、泰州大桥在设计时已采用了主缆除湿系统,在主缆内空气流动阻力分析、泄漏率分析时可借鉴润扬大桥、泰州大桥的相关数据及分析方法,为江阴大桥主缆除湿系统设计提供参考。

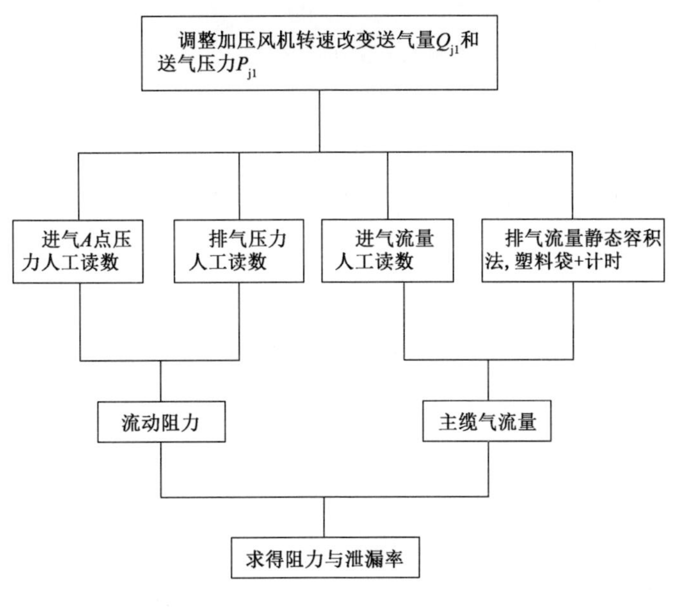

图 2.21　试验流程图

1)空气流动阻力半经验计算方法

空气流动阻力精确计算方法极为复杂,在工程应用中多采用半经验公式推算缆索内的空气流动阻力。空气流动阻力的计算步骤如下:

(1)选择数据分析段(点)。

(2)根据运行数据计算实际阻力。首先通过预先设置在进气罩的压力传感器以及流量计,可以得到对应送气段的送气压力 P_j 和送气流量 Q_j;随后通过预设在排气罩的压力传感器,可以得到排气罩的排气压力 P_p,从而可以得到在送气流量为 Q_j 的工况下对应送气段的空气流动阻力ΔP_s,其计算公式为:

$$\Delta P_s = P_j - P_p \tag{1}$$

(3)根据半经验公式计算理论送气阻力。在空气流经主缆过程中,流动阻力有进气口阻力 h_j、索夹阻力 h_m、沿程阻力 h 以及出口阻力 h_c。因此,流动总阻力ΔP_t可表示为:

$$\Delta P_t = h_j + nh_m + h + h_c \tag{2}$$

各阻力的半经验公式如下。

进气口阻力:

$$h_j = 4.2 \frac{1}{D} \frac{\rho}{2} v^2 \tag{3}$$

索夹阻力:

$$h_m = 11 \frac{1}{D} \frac{\rho}{2} v^{1.6} \tag{4}$$

沿程阻力:

$$h = 0.084 \frac{L}{D} \frac{\rho}{2} v^{0.485} \tag{5}$$

出口阻力:

$$h_c = 3.4 \frac{1}{D} \frac{\rho}{2} v^2 \tag{6}$$

式中:D——索缆的当量直径(m),$D = 0.001\ 300\ 8\text{m}$;

ρ——空气密度(kg/m^3),$\rho = 1.205\text{kg/m}^3$;

v——气体在主缆中的流速(m/s);

L——送气段长度(m)。

在计算主缆阻力过程中,首先需要确定以下两个变量:

①索夹个数

泰州大桥每16m长主缆平均有1个索夹。当主缆通气长度为L时,这段长度所具有的索夹个数为$L/16$,即:

$$n = \frac{L}{16} \tag{7}$$

②空气在主缆内的流速

每个送气罩、出气罩均为两段主缆送气或出气,故在计算送气罩、出气罩阻力时,气罩内气体流速是主缆内气体流速的2倍。在主缆的每个送气罩预设流量计,当主缆送气罩气体流量为Q_j时,主缆内流速v可表示为:

$$v = \frac{Q_j}{S} \tag{8}$$

式中:S——主缆的流通截面积(m^2),$S = 0.081\ 7\text{m}^2$。

假设主缆的泄漏量是均匀的,则当泄漏率$x = 0.01\text{m/s}$(设计泄漏率)时,第im处的流量为:

$$Q_i = Q(1 - x)^i \tag{9}$$

为了便于计算,引入平均流速的概念,即取送气段内流速的平均值作为阻力计算值:

$$\bar{v} = \frac{\int_{i=1}^{L} \frac{Q_i}{S} \text{d}i}{L} \tag{10}$$

2)半经验计算方法可行性验证

为验证主缆内空气流动阻力半经验计算方法的可行性,分别在泰州大桥、润扬大桥进行了现场测试。采用上述方法计算得到空气流动阻力,并与实测值进行对比。相关工作对于江阴大桥主缆除湿系统的设计具有重要意义。

(1)基于泰州大桥的数据对比

数据来源于泰州大桥主缆除湿系统在2012年11月16日的运行记录。本次分析的数据共包括两个变量,分别是送气长度和送气流量,分析在不同送气长度及送气流量情况下阻力实测值与半经验公式的吻合程度。通过对数据的分析,得到在不同送气长度以及送气流量下,气体在主缆内流动的实际阻力ΔP_s;通过半经验公式的计算,可以得到气体在主缆内流动的理论阻力ΔP_t。对ΔP_s与ΔP_t进行对比,从而验证半经验公式的准确性。

依据“尽量选择有单独排气罩、临近送气长度相同的送气段”的原则，在泰州大桥分别选择了3段，其中120m、150m及195m的阻力数据分析段分别选择为图2.22中的第7、3、20送气段。各送气段空气流动阻力的计算不再详述，若需详细了解请参考《江阴大桥增设主缆除湿系统关键技术》。各送气段空气流动阻力的实测值与计算值对比结果见图2.23～图2.25。

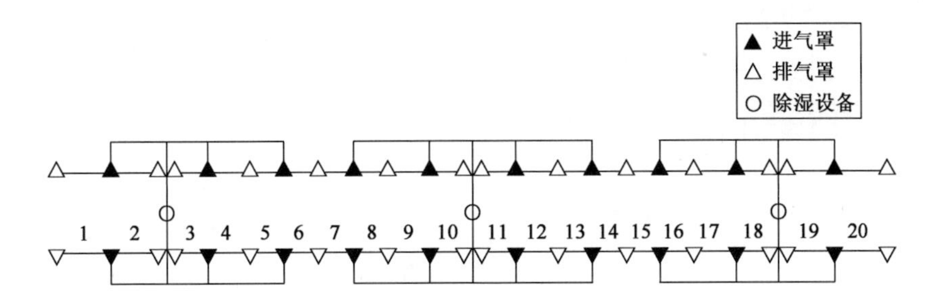

图2.22 泰州大桥主缆除湿系统送气设备布置图

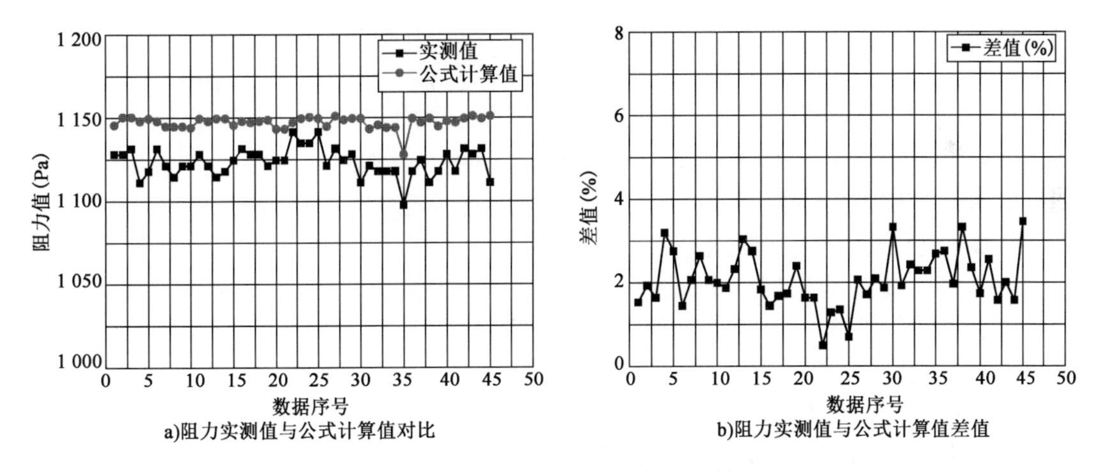

图2.23 120m送气段的阻力数据对比分析

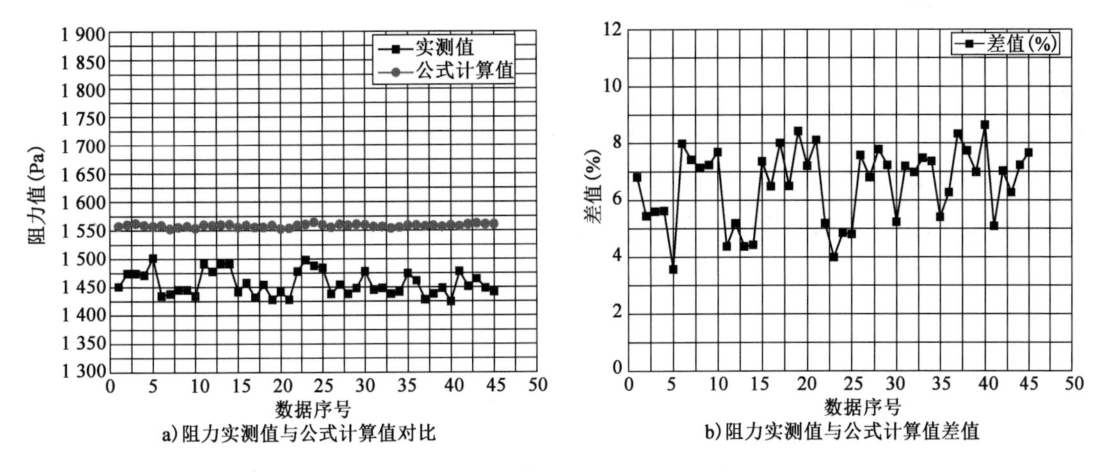

图2.24 150m送气段的阻力数据对比分析

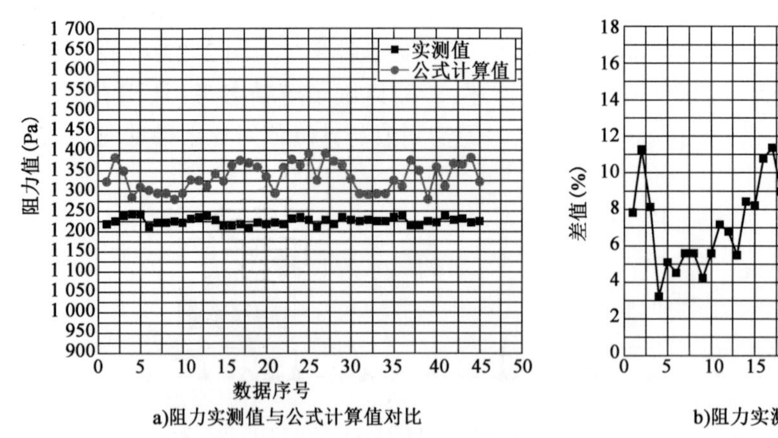

a)阻力实测值与公式计算值对比

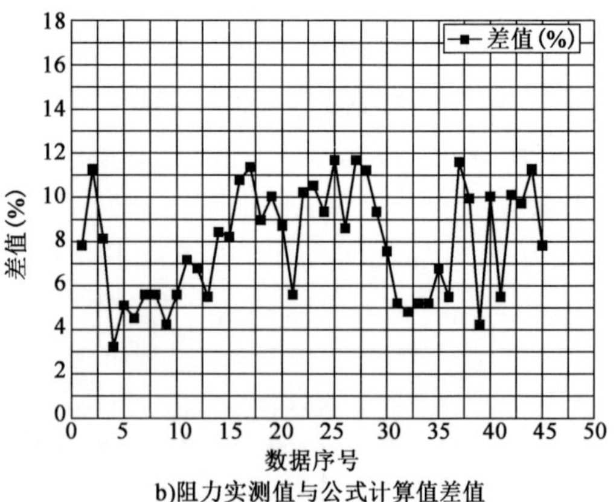

b)阻力实测值与公式计算值差值

图 2.25　195m 送气段的阻力数据对比分析

由图 2.23～图 2.25 可知,120m 送气段阻力的半经验公式计算值略大于阻力实测值,最高大 3.46%,最低大 0.49%;150m 送气段阻力的半经验公式计算值略大于阻力实测值,最高大 8.43%,最低大 4%;195m 送气段阻力的半经验公式计算值略大于阻力实测值,最高大 11.68%,最低大 3.22%。基于此,可以得出以下结论:①流速越大,空气在主缆内的流动阻力越大;②公式计算值均大于实测值,送气长度越长,差值越大。差值最大为 11.68%,最小为 0.49%。从以上两点可以看出,前期通过理论分析以及模型试验总结得到的空气在主缆内流动阻力半经验公式准确性较高,可以作为江阴大桥主缆除湿系统设备选型的计算依据。

(2)基于润扬大桥的数据对比

润扬大桥主缆空气流动阻力测试的试验区域位于主缆最低位置处。主缆空气流动阻力的计算仍采用 2.4.1.2 节中介绍的半经验公式。对于详细计算过程、测试具体流程此处不作赘述,若需详细资料请参考《江阴大桥增设主缆除湿系统关键技术》。表 2.1 给出了主缆空气流动阻力实测值与计算值对比。由表中数据可以看出,与计算值相比,实测值的最大误差为 7.1%,在允许的误差范围之内,说明总结得到的半经验公式可以应用于实际工程中,可信度较高。

计算值与实测值比较表　　表 2.1

试　验	计算值(Pa)	实测值(Pa)	误差(%)
试验一	222	206	7.1
试验二	197.5	186.6	5.5

3)江阴大桥分析结果

基于泰州大桥与润扬大桥的空气流动阻力测试经验以及得到的系列经验公式,分析了江阴大桥主缆的空气阻力设计参数。江阴大桥试验段主缆长度为 $L=154.8\text{m}$,直径为 876mm。测量袋的容积为 0.4m^3,主缆截面积为 $S=6\ 027\text{cm}^2$,孔隙率为 17%。

分别进行了两次试验,第一次试验过程中,排气压力表显示为 0,进气压力低于 3kPa 时,排气夹处基本没有空气排出。如认为从送气夹进入的空气往两侧均分,则从排气夹流出的空气仅为流入空气的 4/25,可见主缆密封的泄漏情况很严重。对索夹进行重新敛缝处理后,按原测试方案进行了第二次测试,测试结果表明送、排气口间的流动阻力 $H = P_{j1} - P_{p1} \approx$

3.3kPa。根据测试结果，调整送气压力为3.4kPa，由于送气压力大于空气阻力，可基本排出主缆内部潮湿空气，保持主缆干燥清洁。

2.4.1.3 主缆泄漏率分析

假设主缆单位长度的泄漏率是不变的，则泄漏量可以表示为：$Q_i = Q(1-x)^i$。当送气流量为0或接近0时，此时测得的排气压力值为零点标定值，即可用于压力标定。出口压力为0时，出口流量为$Q_c=0.01\text{m}^3/\text{min}$。在实测工况中，有的送气段标定出口压力不为100Pa，此时可采用曲线拟合得出送气流量和排气压力之间的函数关系，计算得到标定出口压力为100Pa时的进气流量Q_j。在此基础上，在已知进、排气罩流量Q_j、Q_c及送气长度L的情况下，可根据式$Q_c = Q_j(1-x)^L$求得沿每米的泄漏率x。

已知江阴大桥试验所用排气罩气袋体积为0.4m³，排气长度取154.8m，由填充时间可间接求得排气流量。由此整理得到江阴大桥主缆进气压力、进气流量、出气流量、泄漏率，如表2.2所示。由表2.2中数据可以看出，主缆泄漏率随进气压力的增大而逐渐降低。

江阴大桥主缆密封泄漏率　　表2.2

进气压力(kPa)	进气流量(m³/min)	出气流量(m³/min)	泄漏率(m/s)
4.4	0.57	0.2	0.006 73
4.2	0.53	0.16	0.007 697
4	0.47	0.15	0.007 341
3.8	0.43	0.133 3	0.007 526
3.6	0.4	0.12	0.007 737
3.4	0.37	0.092 3	0.008 917
3	0.33	0.066 667	0.010 2
2.8	0.272 43	0.046 294	0.011 37

2.4.2 施工方案

江阴大桥主缆防护改造是在原有防护体系的基础上增加主缆除湿系统，包括主塔上横梁除湿机、风机等设备安装；干空气送气管道沿主缆扶手绳敷设，供电、通信缆线敷设；主缆送、排气罩安装；温湿度传感器，气流量、压力等传感器安装；送、排气罩，以及局部敛缝等施工内容。施工作业在塔顶、鞍罩、主缆上进行，属于高空作业，且在已通车大桥上改造施工，施工组织及安全考虑尤为重要，应确保施工顺利开展和施工中人员、设备、车辆的安全。

2.4.2.1 工程主要内容及重难点

1）工程主要内容

工程范围包括南塔、北塔、中主塔及主缆上的除湿系统机电设备安装、调试，除湿系统监测与控制系统安装、调试，主缆密封检查及修复等。项目实施阶段将江阴大桥主缆除湿系统划分为以下三个单项工程：

(1)主缆密封系统

工程内容包括全面检查主缆密封及敛缝的性能,对主缆密封破损部分进行修复,对索夹、缆套、索鞍密封失效部位进行基层清理,主要采用原密封体系重新进行密封。

(2)送排气系统

工程内容包括室外送气管道、送气夹、排气夹、阀门、安全阀等室外送气设备的安装以及安装的质量控制和检验。过滤装置、除湿机、送气鼓风机、降温、散热、排湿冷却机、消音器、室内送风管道、阀门、安全阀等室内机组设备的安装、调试以及安装、调试的质量控制和检验。

(3)配电、控制系统

工程内容包括除湿机组远程控制系统 PLC(可编辑逻辑控制器)、除湿机组电流、电压、功率、功率因数等仪器仪表,温度计、温湿度计、压力计、流量计等传感器设备,数据采集、数据传输、数据分析与处理等子系统,除湿机组控制软件、主缆除湿监测系统软件(包括数据采集、数据传输、数据分析与处理等软件)安装与调试以及整个主缆除湿系统联动调试,监测与控制系统安装与调试的质量控制和检验。传感器数据采集网络、除湿送气系统联动网络及上位机监控网络管线敷设的安装、调试及安装、调试质量控制和检验;除湿系统配电柜、系统内配电桥架、管线敷设的安装、调试及安装、调试质量控制和检验,等电位连接,机组运转调试。

2)重难点分析

江阴大桥已建成通车多年,在已通车桥梁主缆上敷设送气管道施工难度大,没有新建桥梁的猫道可以利用,送气管道沿主缆扶手绳敷设,送、排气罩安装工位原缠丝打开,送、排气罩安装等均需要在主缆上完成,敛缝和送、排气罩施工还需要在主缆下方操作,需要设计在主缆上可自行行走的施工机具,用于牵引主缆送气管道敷设,运送设施并作为施工人员操作平台。

2.4.2.2 增设主缆除湿系统方案

1)主缆密封系统

悬索桥主缆密封系统是主缆防腐蚀系统的基石,在主缆内通干空气进行主缆除湿防腐,其关键是保证主缆(含相关附属构件)的气密性,减少干燥空气在主缆中运行时的泄漏。针对江阴大桥的主缆密封现状,提出了表 2.3 中的主缆密封修复方案。

技术方案　表2.3

<table>
<tr><th>序号</th><th colspan="2">施工部位</th><th>总体施工方案</th><th>备注</th></tr>
<tr><td rowspan="7">1</td><td rowspan="7">主缆</td><td rowspan="5">密封胶破损部位</td><td>基层处理(钢丝除锈)</td><td rowspan="4"></td></tr>
<tr><td>刷涂 XF06-2 磷化底漆(1 × 10μm)</td></tr>
<tr><td>刷涂 881-D02 环氧云铁底漆(2 × 40μm)</td></tr>
<tr><td>刮涂 HM106 密封剂(2 500μm)</td></tr>
<tr><td>刷涂 881-Y01 聚氨酯面漆(2 × 40μm)</td><td rowspan="3"></td></tr>
<tr><td rowspan="2">密封胶完好部位</td><td>基层处理(整体拉毛)</td></tr>
<tr><td>刷涂 881-Y01 聚氨酯面漆(2 × 40μm)</td></tr>
</table>

续上表

序号	施工部位	总体施工方案	备注
2	索夹、缆套、索鞍密封胶破损密封	基层处理(清洗、缺胶、裂缝)	索夹、缆套环直缝的裂缝长度超过 50cm,需切除重新密封
		刮涂 HM106 密封胶密封	
3	索夹、缆套及扶手绳(杆)等金属表面	基层处理	
		刷涂 881-X 富锌底漆(1×60μm)	
		刷涂 881-Z01 环氧云铁中间漆(2×60μm)	
		刷涂 881-Y01 聚氨酯面漆(2×40μm)	

2)送排气系统

(1)主缆除湿系统工艺

主缆除湿系统包括除去微颗粒的过滤装置,除去空气中水分的除湿机,把空气送入送气单元的加压风机,对干燥空气进行冷却的后冷却系统。干燥空气经后冷却器冷却后,通过管道经送气单元进入主缆。外部空气在过滤装置中除去颗粒后被送入除湿机进行除湿,用加压风机加压到大约 20kPa,然后通过后冷却装置冷却到 60℃以下,通过管道分流送入每一个送气单元,气流流量通过设于送气单元处的调节阀调节至设计值,从送气单元送入主缆。

在送气装置中,加压风机出口处设置气压测量装置,后冷却装置中设温湿度和气流流量监测装置,向每一个送气单元的送气管路设置气流流量监测装置。每一个送气单元都配有压力计,通过送气单元处的调节阀调节流量,使送入主缆内的干空气气压不超过 3 000Pa。除湿系统提供干燥空气的流程如图 2.26 所示。

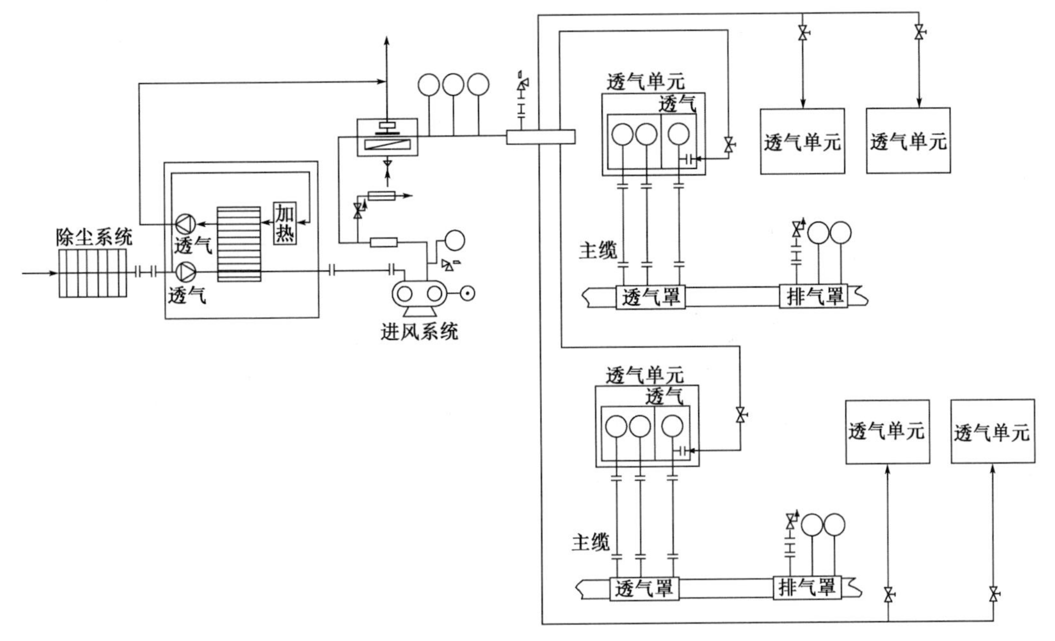

图 2.26　除湿系统干燥工作流程

江阴大桥主缆除湿系统通过向主缆内输送干燥空气,除去渗透于其中的水分,从而降低主缆含水量,延长主缆的使用寿命。主缆除湿系统在大桥南北边塔的上横梁内各布置1套除湿机组,通过送气管道将干燥空气送入设于大桥主缆上的12处送气单元,送入主缆的干燥空气渗透入主缆带走水分,再通过设于大桥主缆上的6处排气单元及锚室、鞍室排出,完成主缆除湿的过程。除湿机组详情如表2.4所示。

除湿机组详情 表2.4

除湿机组	安装位置	气流量(m^3/min)	送气段数量
A	北塔上横梁	4.4	12
B	南塔上横梁	4.4	12

(2)空气输送长度划分

空气输送长度即送气单元到排气单元之间的距离。考虑到江阴大桥的主缆空隙率和运行时间,将全桥划分为24个除湿区段,输送干空气的长度为199.6m、177.2m、160.9m、154.8m、154.5m(边跨)、168m(边跨),如图2.27所示。

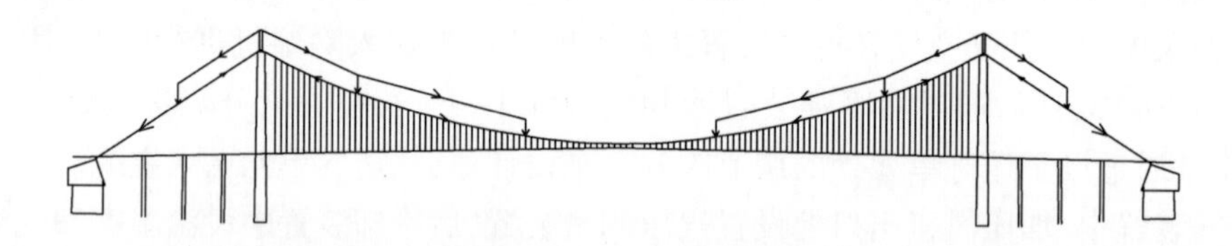

图2.27 空气运输长度划分

(3)机组布置及送气流量分布

主缆除湿系统将大桥的主缆分为2个除湿区域,每个区域采用1套除湿系统,维持每个区域主缆内部的干空气循环。在气流分配上,根据主缆结构的特点,经过风量分配计算,并在主缆的送排气单元设置阀门、传感器和流量计,在测量单元设置传感器,以保证本区内气流组织均匀且除湿效率高。系统送气流量分布如图2.28所示。

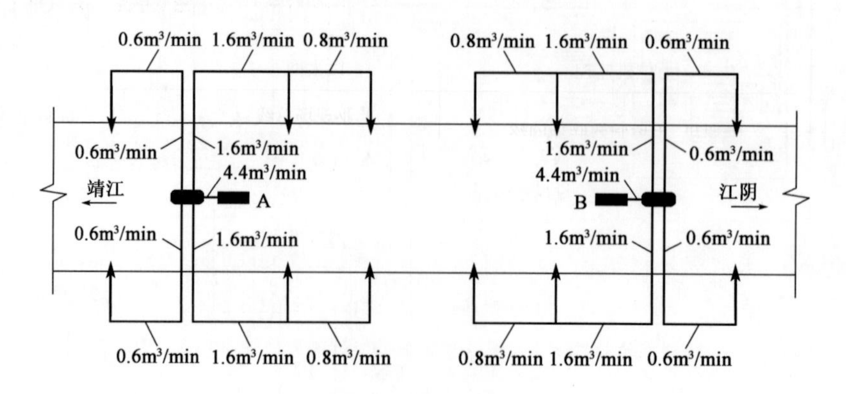

图2.28 系统送气流量分布

(4)除湿工作站

除湿工作站基本参数见表2.5。

除湿工作站基本参数

表 2.5

本　　体	多　段　式
除湿性能	入口温度为20℃，相对湿度在60%时，出口的露点温度在0℃以下； 入口温度为0℃，相对湿度在95%时，出口的露点温度在－15℃以下
除湿转子	送气风量　南、北塔上横梁4.4m³/min
处理风机	离心风机　AC220V
再生风机	离心风机　耐热型　与处理风机共用
转轮驱动电机	AC220V　根据速度控制器可变化
再生加热器	盘管状散热片、螺旋绝缘子、耐热端子帽
后冷却器	冷却风量 7m³/min

(5)送气管道

主缆除湿系统使用与除湿机相连的镀锌钢管、不锈钢管、金属软管和增强热塑性塑料管(RTP管)输送干空气。送风管道设置多处柔性金属连接管(带接头法兰)，用以补偿管道、机器、设备连接端的相互位移，吸收振动能量，能够起到减震、消音等作用。RTP管内层采用PE材质，所选用的外层塑料材质应有良好的抗紫外线和抗腐蚀能力，户外使用寿命不小于25年。送气钢管采用不锈钢，管道的吊、支、托架均镀锌处理，镀锌量不得小于600g/m^2。

在上横梁内经过除湿机处理的干空气，通过鼓风机用管道送至主缆送气单元，通过送气单元送入主缆的干燥空气带走水分，再通过设于大桥主缆上的排气单元及锚室、鞍室排出潮湿空气。送气管从送机组引出后，沿着南北塔上横梁内墙壁及鞍室外墙壁敷设至主缆，再沿主缆上的扶手绳敷设。考虑到耐久性和安装方便性，沿主缆扶手绳安装敷设的管路均采用RTP管。

3)配电、控制系统

(1)通信系统

主缆除湿系统采用三层网络架构，具有表2.6所示的拓扑形式。

数据采集及网络拓扑表

表 2.6

层　　数	作 用 描 述	网　　络	传 输 介 质
第一层	上位机监控	以太网	光缆
第二层	除湿机、主控制器联动网络	工业现场总线 光纤环网	屏蔽电缆 光缆
第三层	传感器数据采集网络	AS-I 现场总线	屏蔽电缆

上位机监控网络应具备较强的扩展性、安全性和运行稳定性。上位机监控网络优先采用工业以太网，除湿系统在主桥上的通信自成光纤环网，并在北塔上横梁内接入主桥与监控中心之间原有通信网络，最终与监控中心之间建立起通信连接。

(2)自动控制系统

每套除湿系统均配置1套主控PLC，且每套主控PLC均设置1套基于人机界面(HMI)的现场监控触摸屏。触摸屏基于上位机组态软件的HMI功能模块，实现采集参数设定，传感器数据接入，逻辑控制、报警和数据存储等功能。数据采集、处理及控制均由现场主控PLC负责,上位机及触摸屏组态软件仅负责与主控 PLC 的通信及相关参数设置以及现场主控 PLC 开放的部分控制功能。除湿系统控制由中央控制、主控 PLC 控制和就地手动控制三级组成,就地手动控制具有优先权。

(3)主缆除湿电控系统的防雷接地

主缆除湿系统具有点多、面广、线长、环境恶劣等特点,室内、外设备安装位置在高空,既有强电设备又有计算机等弱电设备,易遭受雷电侵袭。系统传感器系统、数据采集系统和传输系统都为微电子产品,抗电磁脉冲和过电压能力弱,大桥虽然有完备的防雷系统,但从已建工程运行情况看,系统受雷击危害严重。为保证系统正常运行,加强防雷系统尤其是感应雷防护的建设非常必要。

系统防雷分为两个阶段进行,第一阶段是随建构筑物一体化施工的直(侧)击雷防护设施,保护建构筑物本身不受雷电损害以及尽最大可能减弱雷击时对建构筑物内的电磁效应,同时为建构筑物内部设备的感应雷防护提供必要的基础条件。第二阶段是保护建筑物内的弱电设备安全,即感应雷防护部分,在此阶段中应特别强调的是在安装计算机、通信设备等抗干扰(或过电压)能力比较低的电子设备前,首先必须弄清设备安装所在建筑物的直击雷防护设施的基本情况,包括接闪器、防雷接地体的形式及工频电阻值、等电位连接、引下线分布、动力进线形式、高低压避雷器安装等情况,在此基础上确定缆线的分布、接地系统的形式和限压分流等技术措施。

2.4.2.3 主缆除湿系统施工

1)主缆密封系统施工

为确保密封效果达到要求,主缆密封系统施工应严格按照规定执行。主缆密封系统施工流程如图 2.29 所示。施工过程中,涂装密封作业、送排气罩密封作业、送排气罩螺栓缝隙以及各紧固件间密封作业、主缆密封系统检测、主缆外表面涂装作业、索夹缆套密封施工作业等均应严格按照相关规范、指南要求进行。

2)主缆除湿系统安装

主缆除湿系统的安装工艺流程主要包括设备安装、送气管道制作及安装、传感器安装、送气管道气密性检测 4 部分内容。

(1)设备安装

设备安装主要包括过滤器、除湿机、鼓风机、冷却器、分气缸、电控箱等设备的安装。除湿设备发货到现场采用汽车运输。从现场到库房内,以及从库房到机房内,可采用铲车或汽车吊装,并辅以人力搬运。设备运输至桥面卸货区域进行卸货,需封闭外侧行车道及紧急停靠带,需按规范摆放封闭施工安全警示标志,安排专门人员进行车流引导。主塔内安装有电梯,除湿机、风机等需要安装在主塔上横梁内的设备由主塔支腿内的电梯运送至上横梁。经现场踏勘,具备设备、材料水平、垂直运输条件,设备机组包装完成,包装箱尺寸控制在可以通过塔身人孔范围,经电梯垂直运输至塔顶。

(2)送气管道制作及安装

制作好的风管、弯头等部件用汽车运至现场进行组装。设备安装完毕后根据图纸进行管线放线,同时进行支、吊架的制作、安装。支、吊架的形式参照相关标准及规范。法兰的焊接应符合法兰与管道的垂直度要求,以保证法兰连接后接触面的密封。风管支架间距位置按图纸要求进行布置,法兰之间密封采用 $\delta=3$mm 的软橡胶板。支架安装后,进行风管组装,并用螺栓拧紧。风口、风阀安装后,外表平整、调节灵活,不得有变形。安装时,再生排风管需要按气流方向设置排水坡度,坡度为 1%。再生排风管还需进行保温,其他风管不需要保温。保温厚度 $\delta=25\sim30$mm。保温后外观应平整,无明显凹凸不平等缺陷。横梁内安装好的除湿系统管路如图 2.30 所示。

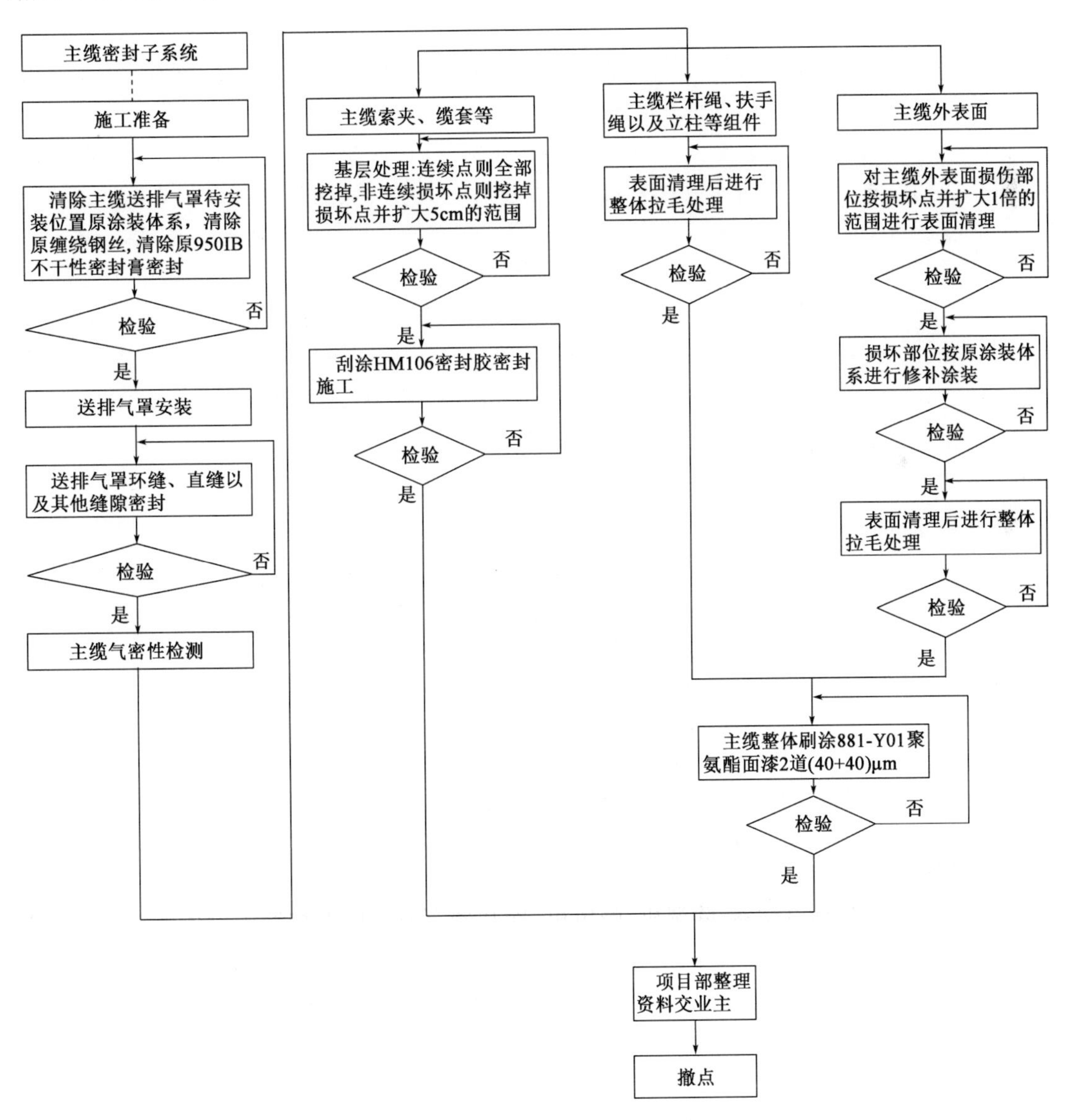

图 2.29 主缆密封系统施工流程示意图

江阴大桥已建成通车多年,在已通车桥梁主缆上敷设送气管道施工难度大,没有新建桥梁的猫道可以利用,施工人员行走、操作均在主缆上和定制的施工设备内完成,RTP 管道长度比较长,运输至大桥跨中位置(或锚室前)卸车,需要专门的放管架,在桥面处安装接头法兰,将其固定在专门的主缆施工设备上,由主缆施工设备向塔顶方向牵引至安装位置,并临时固定在桥内侧第二根扶手绳上。在RTP管牵引过程中为了减少其与主缆的摩擦及垂挂风险,在通过的扶手立柱处设置滚动滑轮,便于施工,如图2.31所示。

图2.30　横梁内主缆除湿系统管路安装图片

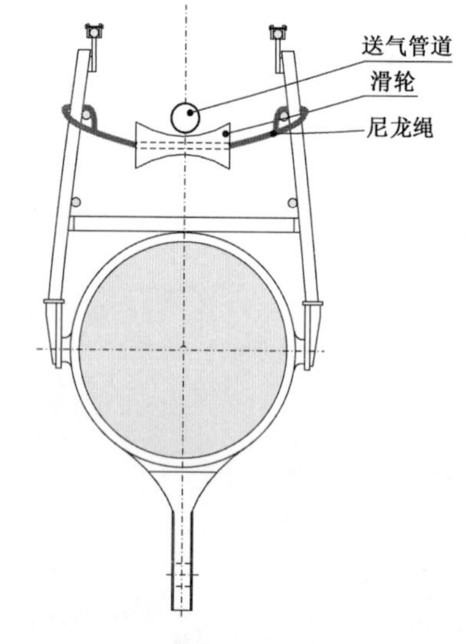

图2.31　送气管道牵引施工辅助装置示意图

为防止在使用过程中由于温差、振动等原因造成RTP管与扶手绳立柱摩擦,对RTP管造成非正常使用性磨损,RTP管安装到位后在其经过立柱处安装支架以避免磨损发生。支架安装如图2.32所示。

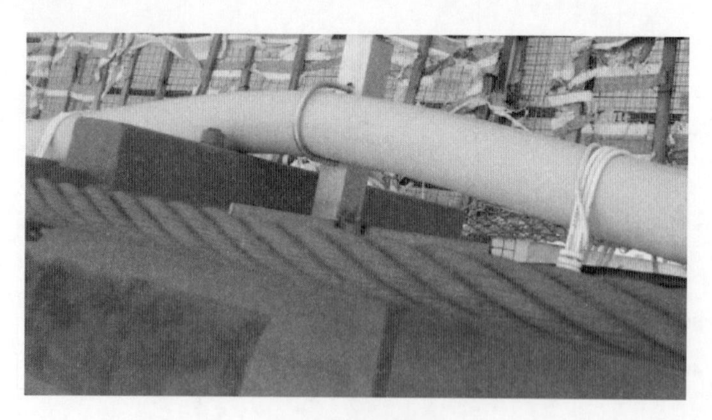

图2.32　支架安装

RTP管及供电电缆、接地电缆、信号线缆布设完毕后均用螺旋绑扎带固定在扶手钢丝绳上,如图2.33所示。主缆上部电缆及通信光缆的布设走向与RTP管一致,绑扎时与RTP管一起绑扎。

(3)传感器安装

主缆除湿系统传感器较多,机房内传感器在机房施工时同步就位,主缆索夹处的传感器需要在RTP管道以及电缆管道完成后安装。传感器主要分为温湿度、压力和流量传感器3种。温湿度传感器为探头式,直接插入检测孔并封闭处理。压力传感器连接方式为螺纹连接,连接时要注意螺纹连接处缠绕生料带以保证螺纹连接处的密封性。流量传感器的安装,首先按流量计单元安装图自制好流量计单元备件,然后按图纸进行安装。

所有设备必须单独接地,通电之前要确保动力线对地的绝缘电阻大于 300MΩ(夏季)、500MΩ(冬季)。控制箱和电缆敷设过程中和之后,均应根据规范进行接地检查和绝缘测试。全部合格后,方能通电进行单体试车。

(4)送气管道气密性检测

在主缆除湿系统设备及管路安装完毕且主缆索夹、进排气罩敛缝完成之后,向主缆除湿系统输送带压空气,在部分主缆缠丝部位、每条索夹敛缝、管道接头等可能出现泄漏的部位涂抹肥皂水,观察有无气泡产生,检验主缆除湿系统气密性,对发现的泄漏处进行修复。

图 2.33 电缆固定

2.4.3 除湿效果评价

主缆除湿系统从 2014 年 12 月进入运行状态,连续输送干空气至今。以靠近全景观察窗的排气单元为例,对比分析 2013 年和 2015 年主缆内部湿度发现,在输送干空气之前,主缆内部湿度始终在 97% 以上,年平均湿度达到了 98%,而随着主缆除湿系统投入运行,湿度逐月降低,在运行 12 个月之后,已降低到 43.5%,提前半年时间达到设计要求(55%),如图 2.34 所示。主缆除湿系统的使用一方面将主缆内部的湿气带出,使主缆内部环境保持在干燥状态;另一方面与传统防护体系一起防止了外部水分的进入,有效保护了主缆,延长了主缆的使用寿命。

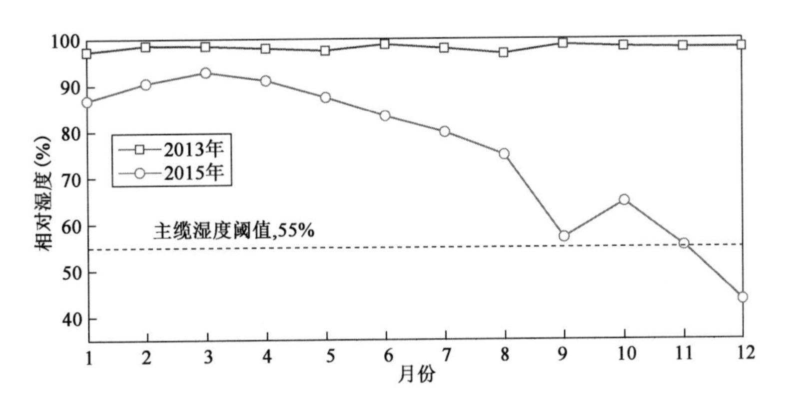

图 2.34 主缆湿度变化

③ 吊索检查、维护与更换

3.1 日常检查内容

3.1.1 吊索外观检查

大桥的每一个吊点由两根吊索通过销接的方式进行连接,吊索上端设置带耳板的叉形锚头,耳板与索夹上的舌板通过销子相连,吊索下端采用与上端类似的连接方式,如图3.1所示。

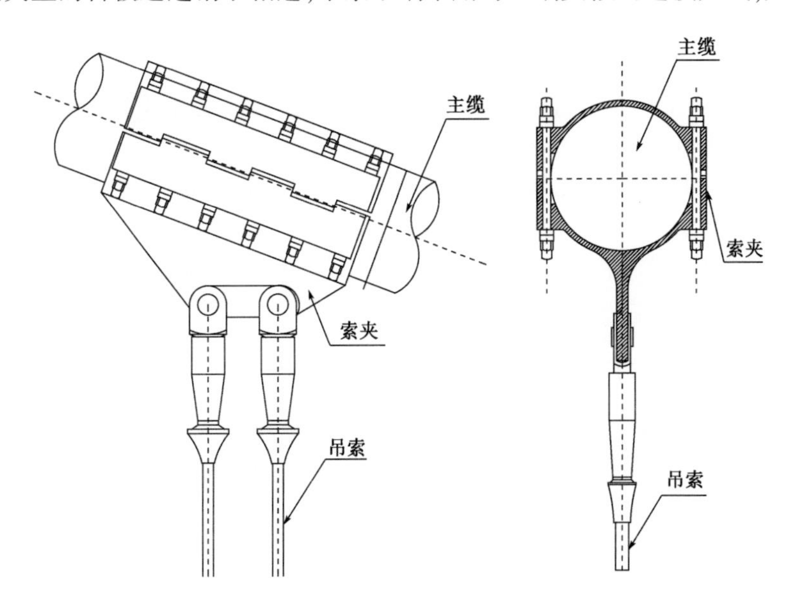

图3.1 吊索结构形式

由于吊索常年暴露于大气环境中,腐蚀、积水等现象难以避免。为有效全面地检查吊索情况,在结合多年养护经验的情况下,针对吊索制定了如下检查内容:

(1)定期对吊索锚头、叉耳、销子等部件进行目视检查。若发现有油漆损坏部位,需及时进行修补,锈蚀部位应在除锈后进行补漆处理。

(2)通过滴水孔定期(4月、10月)检查吊索下锚头是否积水。

(3)检查吊索PE套、HM106密封胶层的完好情况,若发现有破损、开裂等现象,应及时进行修补。

(4)检查PE套的滑移情况,并做好记录,一旦发现PE套有拉出现象,应及时采取临时防护措施,并尽快进行修补。

(5)检查叉耳与箱梁吊耳板、叉耳与索夹耳板之间TG165填封料的完好情况,应特别注意叉耳与锚杯螺纹连接处填封料的完好情况。若发现破损、剥落、开裂等现象,应及时选取填料进行修补。

(6)检查减振架的锈蚀情况,若发现锈蚀,应在除锈蚀后进行重新涂装。若发现减振架出现疲劳断裂,应及时更换。

3.1.2 吊索索力检测

3.1.2.1 索力检测方法

悬索桥吊索索力大小,是确定成桥状态下真实索形及内力的关键因素,因此准确测量吊索实际索力尤为重要。目前国内外常用的索力测试方法主要包括压力传感器测试法、磁通量法和频率法。

压力传感器测试法利用压力传感器直接测量千斤顶张拉力,从而测量吊索索力,但该方法成本较高,测试烦琐且劳动强度高。磁通量法利用小型电磁传感器,测试磁通量变化从而推算索力,但该方法尚未成熟,并未在工程中取得广泛应用。频率法利用传感器测量吊索自振频率,根据自振频率从而推算索力,该方法操作简单、成本较低且设备可重复利用,特别适用于索力复测和测试活载对索力的影响。

江阴大桥吊索索力测量,以结构健康监测系统实时监测与环境随机测量相结合的方式开展。长吊索采用频率法进行索力测量,在索体中部安装加速度传感器,通过健康检测系统实时检测。短吊索由于受力状态特殊,索力根据吊索伸长量进行专项测量。对于全桥全部吊索,采用环境随机振动测量方法进行定期检查。

3.1.2.2 长吊索索力测试

正常交通状况下,长吊索受力并无明显变化。大桥基于频率法通过健康检测系统对长吊索索力进行监测。索力监测选用采样频率为 20Hz 的加速度传感计和采样频率为 1Hz 的 GPS(全球定位系统)位移传感器,安装位置如图 3.2 和图 3.3 所示。加速度传感器数据用于瞬时索力分析,由同步压缩变换得到拉索瞬时频率变化曲线,进而计算拉索瞬时索力。由于桥梁真实状态下的索力无法直接测量,因此采用 GPS 位移数据检验桥梁时变索力的瞬时性。

图 3.2 拉索索力传感器

图 3.3 箱顶 GPS 传感器

3.1.2.3 短吊索索力测试

短吊索长度短而拉伸刚度大,对于激振十分敏感。因此,采用频率法难以准确测量其索力,用于长吊索索力测量的方法难以直接应用于短吊索索力测量。由于短吊索的索力难于直接测量,所以大桥采用测量吊索伸长量的方式来推算其索力。根据钢丝绳在荷载下的长度变化,结合钢丝绳的长度以及弹性模量值,可以计算出钢丝绳的轴向拉力。

索力测试仪器分为上下两根顶杆,上顶杆与吊索的上销轴连接,下顶杆与吊索的下销轴连接。两根顶杆在中部汇合处,用直线形轴承连接。在上下顶杆的适当位置设置钢臂,钢臂上带有顶尖,用以顶住 π 形位移传感器的两端,当吊索因受力变化而致上下顶杆发生相对位移时,顶尖推动 π 形位移传感器,传感器变形后产生的信号电压传输到数字记录仪就可以及时地录下波形。同理,也可通过倾角仪记录下吊索摆动的波形。检测仪器原理如图 3.4 所示,短吊索现场测试照片如图 3.5 所示。

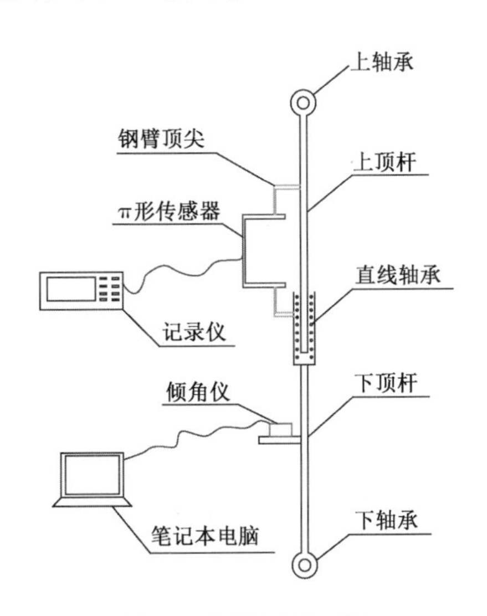

图 3.4　检测仪器原理图

图 3.5　短吊索现场测试照片

短吊索索力测量分为 3 个步骤:传感器标定→索力计算→索力修正。以 2017 年 11 月 9 日,对大桥 43N 短吊索的索力测试为例。短吊索索力测试具体流程如下:

步骤 1:传感器标定。

测量前需对位移计进行重新精准标定,以求得位移-电压关系曲线。将位移计测得的实测电压值 V,根据标定曲线,转换成短吊索长度变化值 Δl。图 3.6 的标定曲线为 2017 年在供桥电压为 20.71V 条件下取得的位移-电压标定曲线。得出 Δl-V 关系为 $\Delta l = 0.179\,4V - 0.003\,5$。

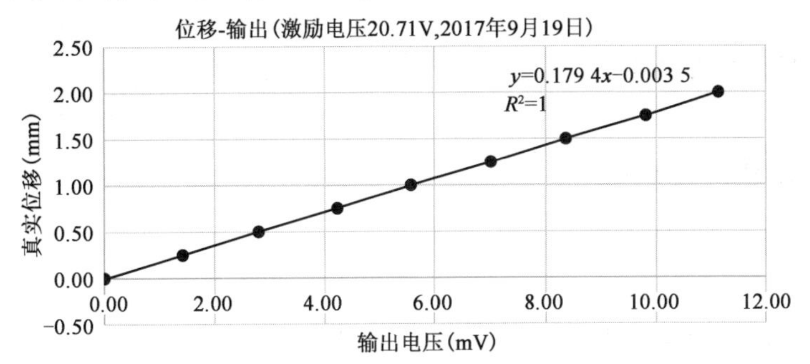

图 3.6　位移-电压标定曲线

步骤2:索力计算。

根据公式 $F = EA\Delta l/l$,计算每100ms测得的索力值。其中,E 为钢丝绳的弹性模量,E = 115 553MPa;l 为实际测量长度,取钢丝绳净长 l = 568.2mm;A 为钢丝绳净截面面积,A = 3 252.87mm^2。

步骤3:索力修正。

实际情况下,传感器测得 Δl 为两端销轴中心之间位移,除钢丝绳位移外,还包括由两段锚具、叉耳及销轴变形引起的位移。故仍需对索力进行修正,在修正中,应考虑两段锚具、叉耳及销轴变形对位移增量的贡献。大桥针对此类问题开展有限元分析,根据有限元分析结果,最终确定修正索力 $F' = 0.827\ 85F$。

最终测得43N短吊索状况良好,结构安全,吊索索力符合运营要求。

3.2 吊索腐蚀处理

3.2.1 吊索腐蚀防护

吊索结构建设当中容易受到恶劣环境的影响,发生腐蚀断裂等情况,所以一般采用较细的钢丝。采用高密度锁体套管是吊索防腐的常见方法,高密度锁体套管保证了其与吊索之间良好的连接,使他们之间具有不易破坏的结构特点,而且还能够延缓外界冲击带来的压力。大桥吊索均采用双层PE护套,这种防腐措施经久耐用,不需要经常的油漆维护,还可以根据美观要求选择外套颜色。但高密度锁体由于其材料和形状的限制,实际上PE护套并不能与吊索紧密结合,总会出现细小缝隙,且PE套筒会出现开裂现象,在长时间作用下可能会出现雨水渗透,产生腐蚀。因此有必要对吊索腐蚀采取进一步防护措施。

2007年,大桥针对吊索渗水问题,利用"三胶两布"防护工艺,对吊索索体进行二次防护。具体操作为:首先对索体表面用砂纸进行打磨粗糙处理,用丙酮进行清洗,然后涂1道1~2mm的HM106密封剂在表面,在密封表面用15cm宽的中性增强型玻璃布对索体进行缠绕,缠绕布完成后,刷稀胶对玻璃布进行浸润,待硫化期完成后,在玻璃布表面再涂1道HM106密封胶,并整成圆形,最后待硫化后,采用聚氨酯面漆对表面进行2道涂刷处理。处理后发现效果明显,基本解决了吊索长期渗水的难题。

3.2.2 吊索腐蚀检查

3.2.2.1 吊索腐蚀检测方法

大跨桥梁吊索一般布置在梁体外部,并处于高应力状态,对服役的腐蚀环境较为敏感。根据相关文献,国内部分服役十余年的大跨径悬索桥主吊索都出现了不同程度的锈蚀病害。缆索体系作为结构的主要承载部件,对整体结构安全和使用寿命至关重要,因此对吊索进行定期腐蚀检测十分必要。但大桥吊索为全密封结构,内部钢丝的腐蚀检查手段有限。目前传统的方法包括索力测量法、射线检测法、超声波测量法等。

索力测量法通过监测索力变化来反映缆索整体使用状态，从而判断缆索体系是否完好，但是无法判断缆索缺陷类型和缺陷位置等具体情况。射线检测法利用 χ、γ 等射线在穿透物体过程中，利用材质不同而衰减不同的现象，来检测构件内部缺陷，但由于造价高，存在辐射污染等问题，未能大规模应用于缆索检测。超声波检测法利用超声波在材料中传播遇到缺陷会发生反射的原理进行缆索断丝检测，其检测条件要求苛刻，被检测表面需要有一定的光洁度，且需用耦合剂充满探头和被检查表面之间的空隙，此外对远离超声波入射端部位检测相对困难。

传统的吊索腐蚀检测方法各有优势但也存在自身的缺陷，近年来兴起的通过磁致伸缩效应原理来检测钢索损伤的检测方法，具有单点激励即可实现长距离快速检测的优点，大桥便采用磁致伸缩导波检测方法进行吊索腐蚀的无损检测。当铁磁中存在缺陷时其声阻将发生变化，从而引起导波的反射、透射等，进而导致铁磁体内磁感应强度发生变化，而变化的磁感应强度必定引起接收线圈中的电压变化，通过测量电压信号即可检测出铁磁体构件中是否存在腐蚀、裂纹、破损等缺陷。导波技术探伤原理如图 3.7 所示。

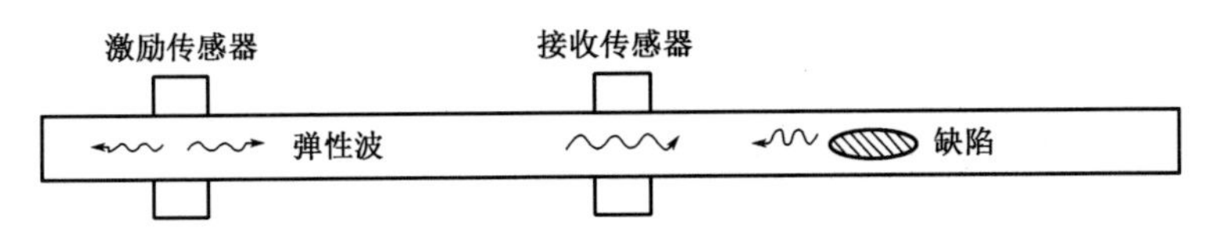

图 3.7　导波技术探伤原理

3.2.2.2　腐蚀检测流程

江阴大桥吊索腐蚀检测流程如下：

步骤 1：仪器直接通过线轮连接桥面的交流电源，检查设备情况并识别现场电源噪声，达到供电较稳定，噪声对检测无影响。

步骤 2：在不拆除外 PE 保护套的条件下，将激励传感器和接收传感器安装在待测吊索上。再利用便携计算机控制主机产生特定大功率低频率的正弦波信号，输入到激励传感器，基于磁致伸缩效应在吊索中产生导波。

步骤 3：检测信息通过信号采集端口输入数据采集单元，经其中的 A/D 转换器后输入计算机，经计算机处理后得到吊索导波检测结果。

步骤 4：对于存在异常信号的吊索，结合吊索的实际结构判断分析异常信号的原因，在去除结构导致的异常回波情况下，再进行判断分析吊索的损伤位置和损伤程度。

步骤 5：数据保存整理。对于有历史检测数据的吊索可通过对历史数据对比进行进一步分析，如无历史数据则跳过。

步骤 6：根据检测数据，编制吊索损伤检测报告。

3.2.2.3　腐蚀评定标度

平行钢丝吊杆缺陷预警门限设定为直通波幅值的 5%，用以判断吊杆的局部腐蚀和断丝缺陷，如缺陷回波高于红线，则判断该吊杆可能存在明显缺陷；锚固段腐蚀状态评估门限设定为锚固端部回波小于直通波幅值的 10%，用以判断吊杆锚固段的腐蚀状态，如锚固端部回波信号小于该信号,则判定该吊杆锚固段可能存在大面积腐蚀。拉吊杆磁致伸缩导波检测评定标度分类见表3.1。

拉吊杆磁致伸缩导波检测评定标度分类　　表3.1

评定标度	拉吊杆状态	信号情况
Ⅰ	无锈蚀活动或锈蚀活动性不确定	检测波形无超过预警门限的回波信号或其他异常回波信号,且锚头回波高于腐蚀衰减预警门限
Ⅱ	有锈蚀活动,但锈蚀状态不确定,可能有锈坑	检测波形中存在异常波形,其中异常波形持续时间较长,但幅值较小,且锚头回波低于腐蚀衰减预警门限
Ⅲ	有锈蚀活动,发生锈蚀概率大于80%	异常信号幅值较接近报警门限,且锚头回波低于腐蚀衰减预警门限
Ⅳ	有锈蚀活动,严重锈蚀可能性极大	异常波形超过报警门限,且锚头回波远低于腐蚀衰减预警门限
Ⅴ	严重锈蚀并且存在断丝可能性极大	异常波形超过2倍报警门限,且无法观察到锚头回波

3.3 短吊索更换

3.3.1 短吊索更换背景

2009年大桥吊索例行检查时发现,部分吊索发现异常声响,尤其以中跨最短吊索44S(上游)最为明显。为探明异常声响原因,并判断吊索的使用状态,对该吊索进行了解剖检查。检查发现DU轴套磨损严重,存在穿孔、碎裂等现象,销轴磨损严重,部分钢丝绳出现了锈蚀、损伤及断裂(图3.8)。由于长期受载,轴套金属已被挤出,流至桥面连接板与吊索耳板的间隙之间。受损的销轴与轴套直接与叉耳轴孔接触磨损,且轴套已经失去了耐磨和润滑的功能,导致销轴严重磨损及轴套穿孔,造成销轴转动受阻,引发吊索异响。

a)磨蚀穿孔的轴套

b)叉耳与耳板表观

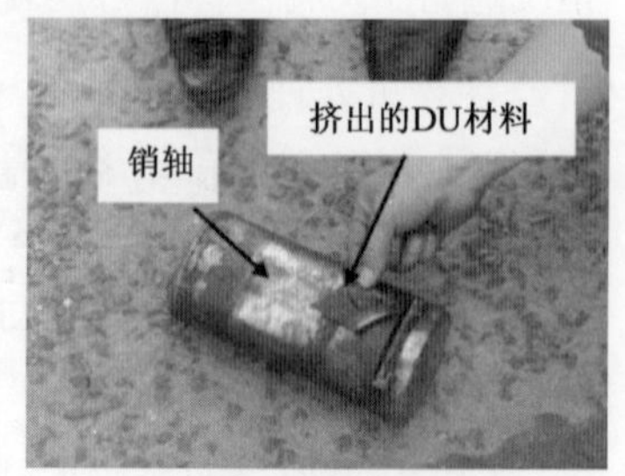

c)吊索下销轴与轴套碎片

图3.8　磨损的轴套与销轴

大桥早期使用的吊索销轴轴套为SF-1无油自润滑轴承材料,国外称"DU",如图3.9和图3.10所示。DU材料虽然具有良好的耐磨性能,但无法适用悬索桥吊索的重载工况,其一旦失效将严重影响吊索的受力状态,从而威胁整个桥梁结构的安全性。因此有必要研发新型吊索轴套,选择适合重载条件的轴套材料,以延长轴套使用寿命,提高吊索及整个桥梁的安全性和耐久性。同时,还应根据大桥运营状况与吊索状态,设计相应的吊索更换工装及施工方案,确保换索工程安全、优质、高效、可靠。

图 3.9 DU 轴套

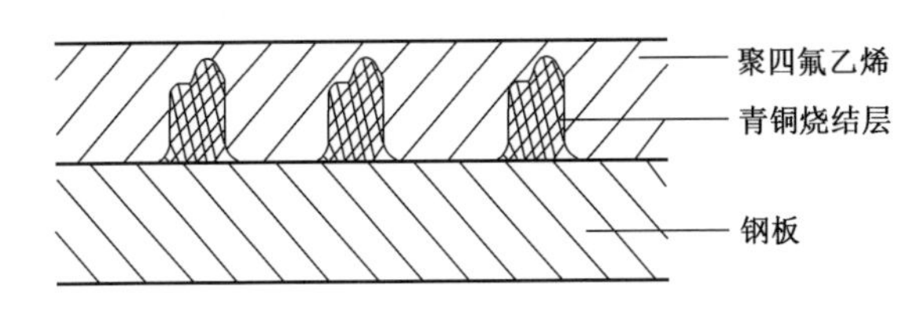

图 3.10 DU 材料断面示意图

3.3.2 新型轴套研发

为了提高吊索轴套的使用寿命,应选取新材料提高轴套的承载能力。该类新材料应具有强度高、耐磨性好的特点,且其硬度应小于耳板和销轴硬度,以免磨损耳板和销轴。此外,考虑到轴套长期使用的特点,其自身还应具有自润滑的特点。因此,考虑选取铜基镶嵌固体润滑剂轴套作为新型轴套材料。

铜基镶嵌固体润滑剂轴套是以高强度铜合金为基体,在其摩擦表面上按一定比例钻出大小适当、排列有序的若干通孔(内径大于 200mm 的钻成盲孔),在孔内镶嵌具有独特自润滑性能的固体润滑剂,固体润滑剂的镶嵌面积通常为摩擦表面积的 20% ~30%,经精密加工后形成的一种高性能的自润滑轴套,如图 3.11 所示。它突破了一般轴承依靠油膜润滑的局限性,满足了机械设备承受高荷载的要求,克服了不能润滑的困难,同时可以满足苛刻的高温工作条件。

为了确定该类材料制作的轴套的磨损性能,对其开展了性能测试,两类轴套的材料特性见表 3.2。为对比其磨损程度,采用了如图 3.12 所示的试验装置,对销轴镀层、不同类型轴套的磨损情况进行了对比,并开展了多次轴套磨损试验,达到了评估新型轴套抗磨损性能的目的。

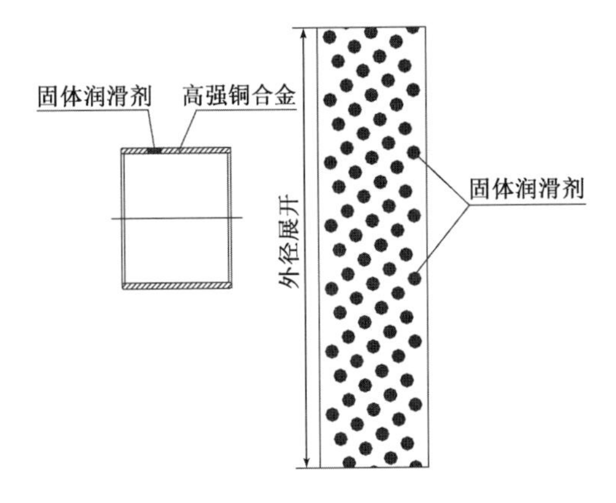

图 3.11 铜基镶嵌自润滑轴承图

图 3.12 吊索轴套磨损对比装置示意图

材 料 特 性　　表3.2

性能测试结果	DU 轴套	铜基镶嵌固体自润滑剂轴套
磨损程度	表面青铜层磨去面积占整个面积的70%以上	磨损深度达2.5mm
状态	咬轴,销轴和轴套表面有较深的磨痕并发出异常声响	咬轴,销轴和轴套表面有较深的磨痕并发出异常声响
轴套情况	轴套破碎	轴套破碎

轴套损坏情况统计对比结果见表3.3。锡青铜镶嵌固体润滑剂轴套磨损次数可达350 000次以上。而同等试验条件下,DU轴套的磨损次数在3 900~26 500次之间,平均值只有9 655次,锡青铜镶嵌固体润滑剂轴套的使用寿命明显优于DU轴套。铝青铜和铝黄铜镶嵌固体润滑剂轴套磨损耐磨性能介于两者之间。更换轴套材料,可以有效增强轴套的耐磨性能。铜基镶嵌固体自润滑剂轴套明显优于DU轴套,而在铜基镶嵌固体自润滑剂轴套中,又以锡青铜为最佳。

轴套损坏统计表　　表3.3

轴套类型	DU 轴套	锡青铜	铝青铜	铝黄铜
破坏顶推次数	3 900~26 500 平均9 655 共磨坏29个	350 000(未坏) 250 000(未坏)[a] 170 000(未坏)[a]	56 500 64 000 18 900	12 000~45 200 平均23 500 共磨坏7个

注:[a] 根据先前试验情况,发现锡青铜轴套的使用寿命明显高于铝青铜和铝黄铜轴套。因此,试验后期将铝青铜轴套及铝黄铜轴套位置分别换成锡青铜轴套进行试验,比较试验的可重复性及锡青铜轴套性能的稳定性。

根据吊索轴套选型技术研究的试验结果,新吊索轴套采用锡青铜镶嵌固体自润滑剂轴套替代原先DU轴套,且制作的新吊索的结构安全度不低于原设计。

3.3.3 短吊索更换流程

针对存在异响的短吊索,在2010年至2012年期间,采用单吊点张拉卸除更换吊索索力的方法(图3.13),对其进行了更换。该方法的施工原理是在原吊索旁安装临时吊装结构,并通过该临时吊装结构,启动螺栓拉拔器,提升桥面钢箱梁,使原吊索索力卸载,拆除需要更换的吊索,安装新吊索,而后通过螺栓拉拔器泄压直至新吊索完全张紧,将吊索索力重新转移到新吊索中,完成吊索更换。

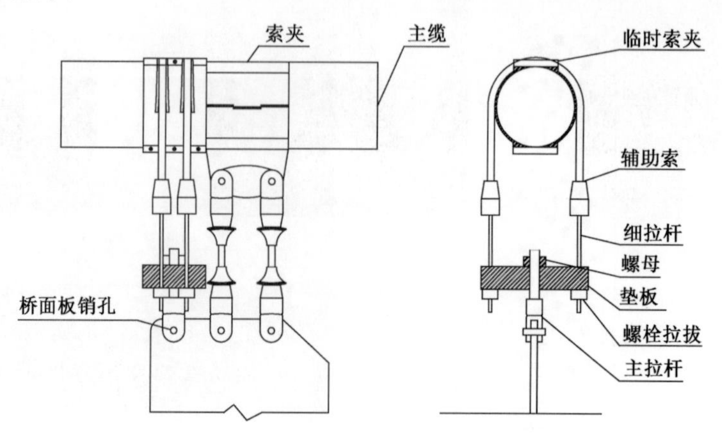

图3.13　单吊点张拉方案示意图

短吊索更换的具体步骤为:制作临时索夹、新吊索→搭设脚手架→安装临时索夹、辅助索等工装→张拉拉伸器将索力转移至临时索→拆除吊索→检查销轴、衬套磨损情况→测量旧索长度、校准新索长度→安装新索→拆除所有工装,短吊索更换施工流程如图3.14所示。

图3.14 短吊索更换施工流程

为了提高新吊索的耐久性,对新吊索叉耳进行密封处理和涂装防护(图3.15),最后拆除临时工装。吊索更换结束后,对更换后的吊索索力进行测试,满足设计要求。

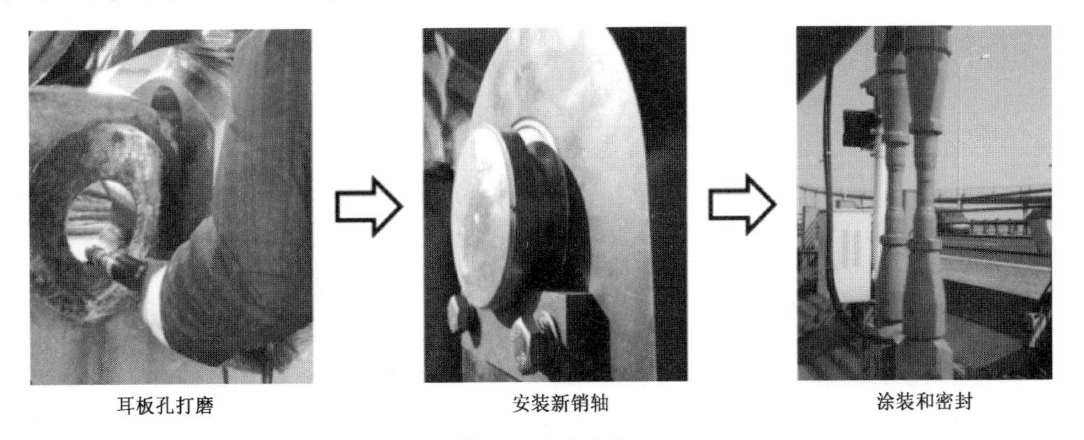

图3.15 涂装防护

换索后对原吊索磨损情况进行检查,发现同一位置的两根吊索,尤其是短吊索的磨损情况不一,导致这一现象的原因除和衬套本身性能有关外,和吊索长度精度也密切相关。因此,换索过程中必须严格保证索长精度,使得同一吊点两根吊索受力基本保持一致。因此在大桥换索过程中需特别重视以下细节:

(1)桥上旧吊索销轴中心距离测量需足够精确。

(2)新吊索索长调整必须和原吊索设计索长保持一致。

(3)通过制作标记线及其他措施,保证在新吊索运输和安装过程中叉耳螺纹不发生旋转而影响吊索长度。

(4)在换索操作的同时,还需探索保持同一索夹上两根吊索受力一致性的方法和测试手段。

3.4 长吊索更换

3.4.1 长吊索更换背景

2016年吊索内部锈蚀断丝病害检测结果与锚头含水量测试结果表明,大桥下游19N吊索为轻中度锈蚀,评定标度为Ⅲ,发生锈蚀概率大于80%。虽然,当前状况下该长吊索仍可在安全范围内继续使用,但考虑到现有吊索更换技术主要适用于弹性伸长较小的短吊索,国内外暂无长吊索的更换工程经验,且大桥吊索已服役17年,接近设计使用寿命。因此,对下游19号吊索(吊索位置如图3.16所示)开展更换工作,恢复吊索的状态,并为长吊索的更换提供技术储备。

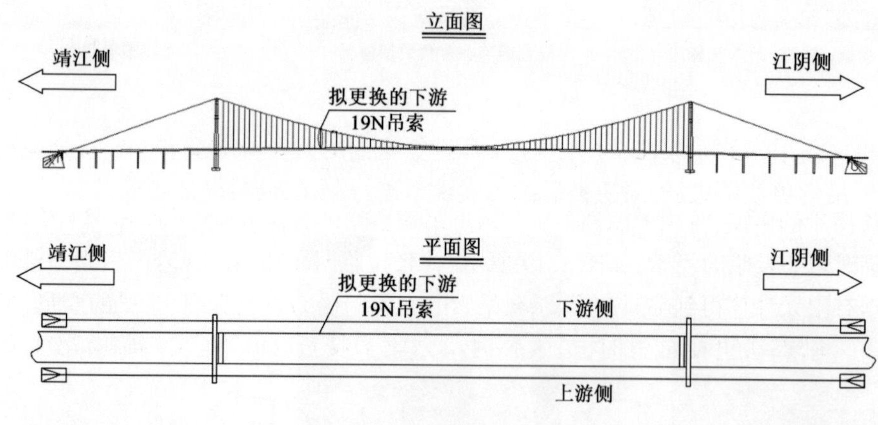

图3.16 更换下游19号吊索位置布置图

3.4.2 更换方案研究

江阴大桥的长吊索更换属国内外首次。由于本工程无先例可参考、难度较大,涉及的桥梁受力状况复杂,待更换的19号吊索长度约47m(图3.17),弹性伸长较大,可能超过了主梁的允许挠度,拆除过程无法按照短吊索更换工艺实施。该吊索上下均通过叉耳同索夹和主梁耳板连接,吊索未设置张拉调节装置,无法通过张拉方式卸载吊索索力进行吊索更换,因此必须制订合适的长吊索更换方案。此外,为了保证吊索更换前后桥梁结构受力基本保持不变,更换后吊索索力的控制,即新吊索的无应力长度控制存在较大难度,这也是本次吊索更换方案的重点研究内容。

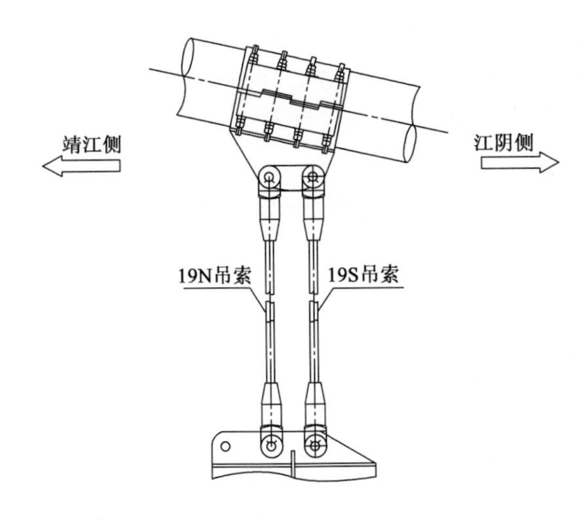

图3.17 拟更换下游19号吊索位置布置图

为控制临时吊索索力,保障梁端耳板结构安全,对吊索梁端锚固区域建立实体模型进行有限元计算(图3.18),并制作1:1实体模型进行强度试验。本次吊索更换拟采用三吊点或五吊点的方法,并分析临时吊索的最大索力。

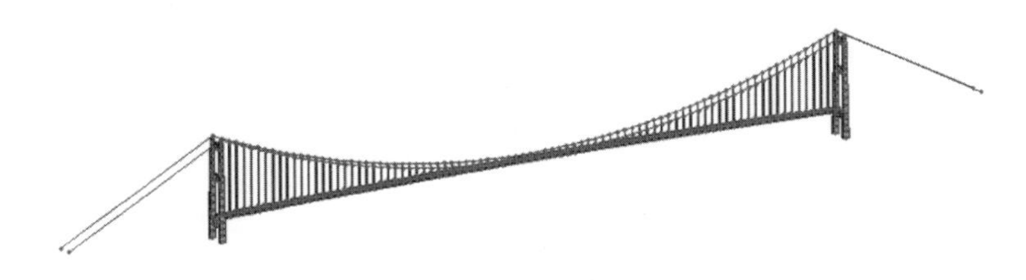

图3.18 江阴大桥有限元模型

针对长吊索的更换,首先考虑到采用三吊点吊索更换的方法,即在下游18号、19号、20号吊索处安装临时索夹及临时吊索,如图3.19所示,并张拉临时吊索,在19号吊索索力卸载后将之拆除。根据有限元计算得到临时吊索、永久吊索的变形与受力以及主缆、主梁的变形,验算结果见表3.4。三吊点法更换吊索时,最大临时吊索索力接近240t,且梁端临时吊索耳板应力较大。

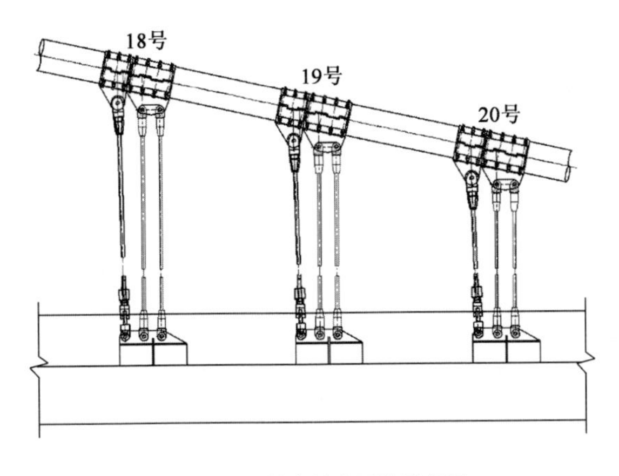

图3.19 三吊点吊索更换示意图

三吊点吊索更换法验算结果

表3.4

临时吊索编号	最大吊索索力(t)	恒载下临时吊索索力(t)	下游主缆位移(m)	上游主缆位移(m)
18号	236.581	193.071	-0.064	0.010
19号	238.085	194.706	-0.080	0.009
20号	239.747	196.240	-0.065	0.007

三吊点法更换吊索时,最大临时吊索索力及梁端临时吊索耳板应力较大。因此考虑采用五吊点吊索更换的方法,在下游17号、18号、19号、20号、21号吊索处安装临时索夹及临时吊索(图3.20),并张拉临时吊索,在19号吊索索力卸载后将之拆除,根据有限元计算得到的临时吊索、永久吊索的受力与变形以及主缆、主梁的变形见表3.5。采用五吊点法时临时吊索对下游吊索、主缆及主梁影响较大,对上游吊索、主缆及主梁影响较小,对于19号临时吊索,恒载下临时吊索索力为163.056t,最不利组合荷载下临时吊索索力为203.796t,吊索压缩2mm,可以确保长吊索的顺利更换。因此,经过对比分析,决定采用五吊点法进行长吊索的更换。

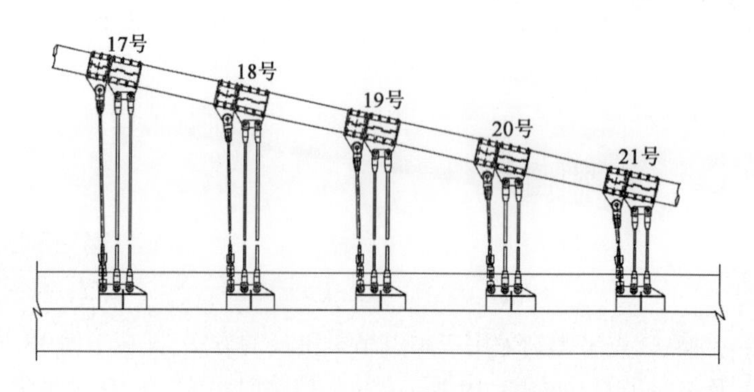

图3.20　五吊点吊索更换示意图

五吊点吊索更换法验算结果

表3.5

临时吊索编号	最大吊索索力(t)	恒载下临时吊索索力(t)	下游主缆位移(m)	上游主缆位移(m)
17号	204.883	162.200 6	0.023	0.010
18号	203.344	164.996 9	0.031	0.012
19号	203.796	163.056 1	0.031	0.011
20号	201.964	163.171	0.024	0.007
21号	203.810	161.036 8	0.012	0.002

考虑到吊索更换过程中,临时吊索受力较大,为保证换索过程结构安全,在实桥吊索更换前进行梁端连接耳板模型试验,验证吊耳的承载能力。采用有限元软件分析了吊索梁端锚固

结构的承载力验算,并设计进行梁端连接耳板模型试验(图3.21)。根据临时索力验算,取最不利荷载下不超过240t的荷载条件。计算结果表明耳板孔上缘局部屈服,最大应力323.952MPa,耳板最大受力部位为临时吊索耳板孔上部。

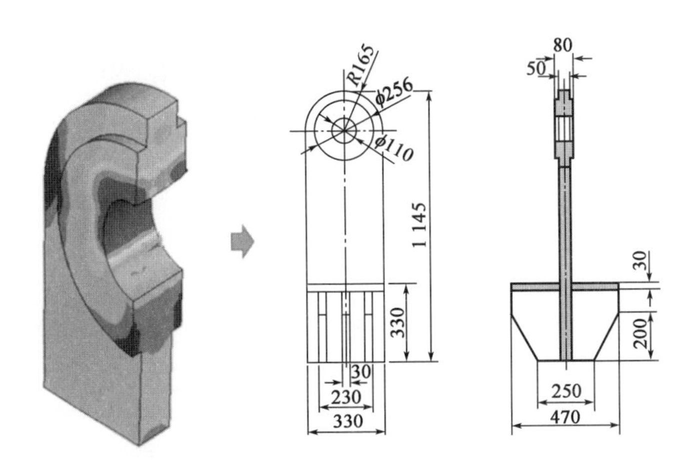

图3.21　吊耳构造及受力特征(尺寸单位:mm)

基于有限元计算结果,设计了耳板模型试验,以验证吊耳板的承载能力,大桥梁端吊索耳板的屈服强度为335MPa,抗拉强度为490~630MPa。通过反复张拉试验,对吊耳板的位移进行测试(图3.22),位移及销孔尺寸在反复张拉时有位移增大趋势,但增加量很小,反复张拉后销孔最大永久变形增加0.02mm,可以满足承载力及变形要求。

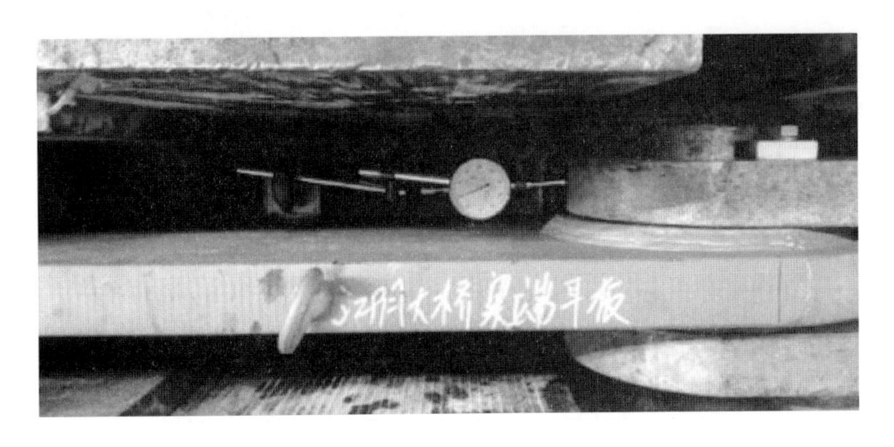

图3.22　位移测量

3.4.3　长吊索更换流程

基于上述长吊索更换方案的对比与分析,采用五吊点提拉方案进行吊索更换,即通过在被换吊索及其临近位置安装并张拉临时索,下拉主缆、提升主梁,直至被换吊索呈现完全放松状态,索力归零后拆除更换新索,最后释放临时索索力,使大桥恢复换前状态,完成更换工作,施工步骤如图3.23所示。

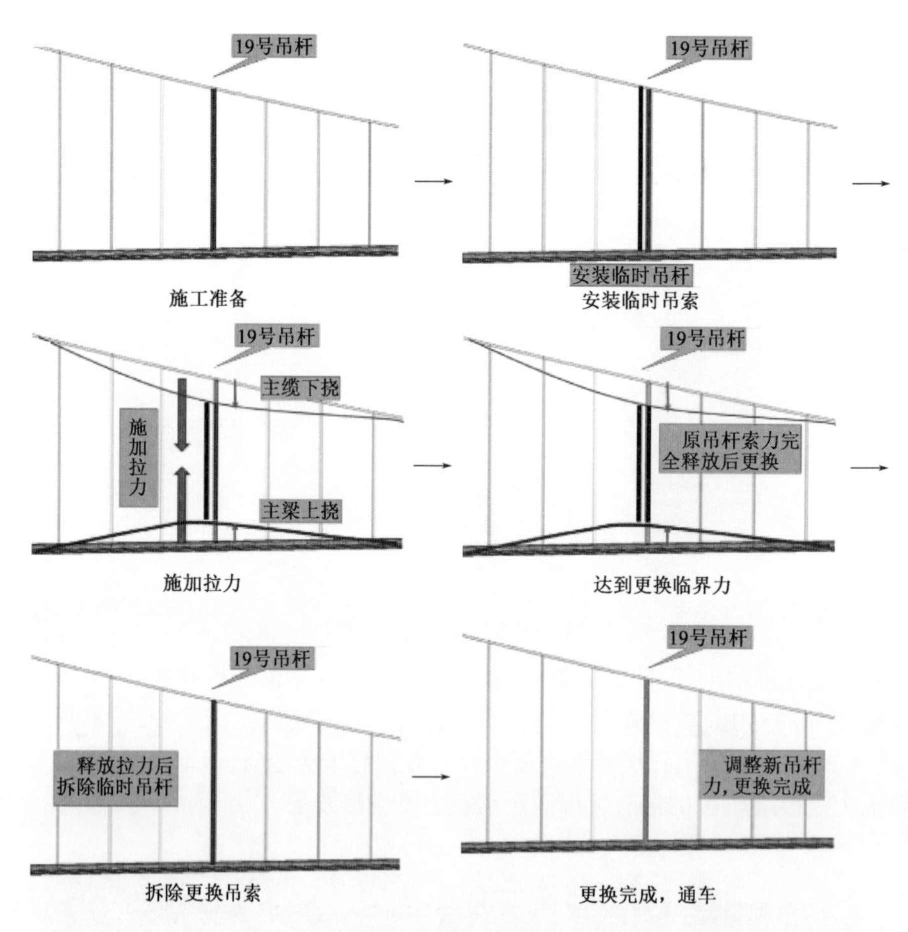

图3.23　主要施工步骤

采用上述方案进行长吊索的更换,首先根据吊索设计要求,设计加工工装,并对大桥进行现场交通管制,将设备运输至施工地点。现场吊索更换流程为:施工平台准备→临时索夹安装→临时吊索安装→临时吊索系统张拉→旧吊索拆除、新吊索安装→临时吊索系统拆除→吊索密封及涂装修复→清理撤场。部分主要施工现场照片如图3.24所示。

3.4.4　索力监测与评估

悬索桥是由主缆系统和加劲梁系统组成的一种组合体系桥,从整体看,悬索桥结构相对较柔,施工过程中工况变化繁多,形状变化很大,结构具有强烈的几何非线性。因此在长吊索更换过程中,同时开展了吊索更换监控工作,以确保结构在施工过程中变形、稳定性、索力处于安全可控状态,保证完工后的桥梁内力和线形最大限度地符合设计目标状态。本次吊索更换施工监控工作以吊索索力为主,同时兼顾主缆、主梁线形控制。主要测量内容包括:

(1)索力:吊索更换前、中、后期被换索及临近敏感索位的索力变化;

(2)变形:吊索更换前、中、后期主梁高程、轴线偏差,主缆高程,主塔的偏位;

(3)温度:温度场及指定测量时间钢主梁、主缆、吊索的温度变化;

(4)风:吊索更换前、中、后期的结构区域风场变化。

图 3.24　长吊索更换流程

施工监控现场见图 3.25。

监控计算是施工控制的理论依据，通过施工现场的结构测试，建立有限元模型（图 3.26）跟踪计算分析及成桥状态预测得出合理的反馈控制参数，给施工过程提供决策性技术依据，也为结构行为安全控制提供理论数据，从而正确地指导施工，确保施工成果符合设计质量要求及施工安全要求。本次长吊索更换主要监控及计算参数包括吊索索力、主缆线性、钢主梁线形、主塔偏移。本章主要介绍长吊索更换过程中索力的施工监控情况，评估了换索后吊索在正常运营过程中的状态,明确更换的19号吊索的长期应力水平,对换索后1个月的索力变化情况进行了对比。

a)吊索索力测试

b)主梁线形测量

图3.25 施工监控现场

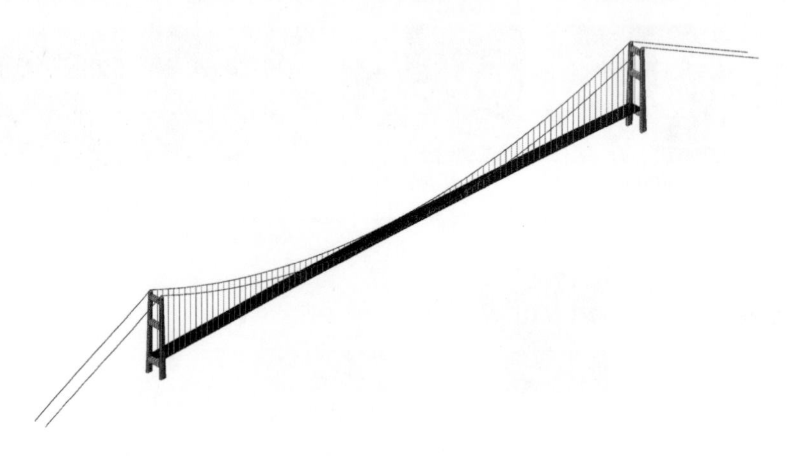

图3.26 江阴大桥吊索更换有限元模型

(1)更换过程中索力的施工监控情况

吊索更换过程中,采用频率法对换索区域影响范围内吊索索力进行监测,其中:设临时索的吊点对临时索、永久索索力进行监测,未设临时索的吊点对永久索索力进行监测,五吊点方案中全桥共设吊索索力测点41处。监测结果显示,19号吊索在张拉施工过程中,临时吊索张拉力与设计要求力值基本一致(图3.27),按设计过程进行了张拉,且永久索17号~21号南北侧吊索索力变化值与设计值变化趋势基本一致。

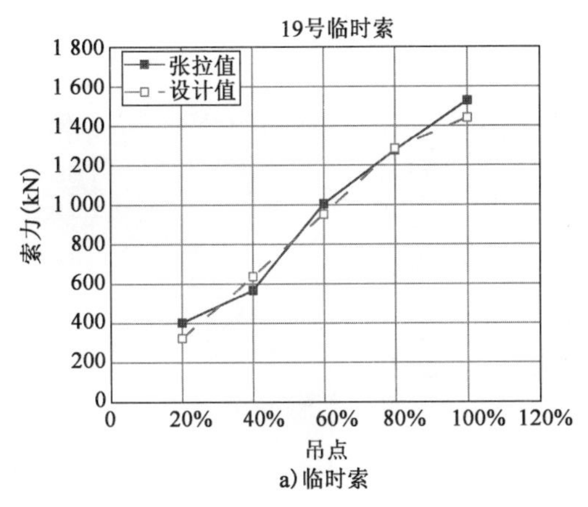

a)临时索

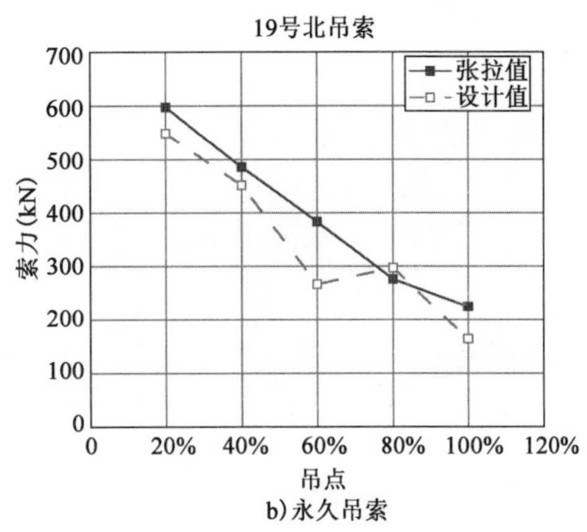

b)永久吊索

图 3.27 索力监测结果

(2)吊索更换1个月后索力测试

吊索更换1个月后,在正常交通情况下,对换索影响区域上下游索力进行测量,对比更换前、更换后、更换1个月后的数据。共对36根吊索进行了索力测试。

施工前、施工后以及施工1个月后,下游侧17号~21号南北侧吊索索力对比情况如图3.28所示。吊索更换前后,索力偏差最大不超过8.6%,考虑到吊索索力5%的测试误差,以及施工过程中移动荷载的影响,下游侧19号吊索更换后索力与更换前基本一致,本次长吊索更换后的吊索索力可以满足正常运营要求。

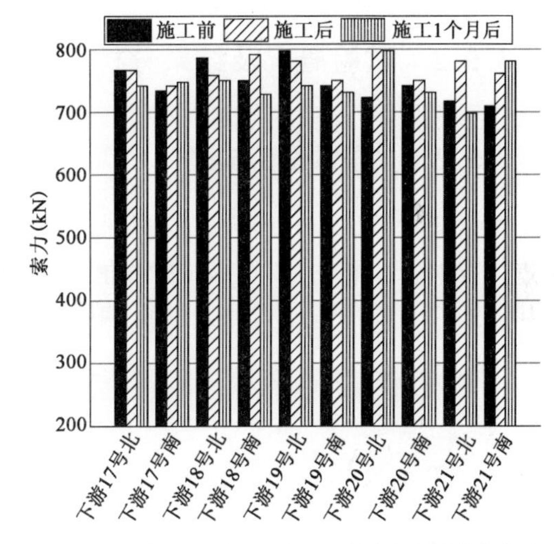

图 3.28 施工前后下游侧17号~21号南北侧吊索索力对比

3.5 旧吊索服役性能评估

3.5.1 评估对象与目的

作为悬索桥的主要承重构件,吊索质量曾经在很长一段时间里制约了桥梁的建设,造成了诸多桥梁事故。为了更好地掌握吊索在使用近20年后的内在质量,达到了解吊索现状能否满足现行《公路悬索桥吊索》(JT/T 449)的要求,以大桥下游19N吊索为对象,开展吊索静载试验和疲劳试验,检测标准按《公路悬索桥吊索》(JT/T 449—2001)、《桥梁缆索用热镀锌钢丝》(GB/T 17101—2008)等规范对钢丝的常规力学性能、疲劳性能、松弛性能等多项性能进行检测与评估。

试验主要分为两部分,一部分是带原锚头的整索疲劳、静载试验,并对疲劳失效后的19S

下锚头进行解剖,统计锈蚀及钢丝疲劳断裂情况,如图3.29所示;另外一部分是钢丝的静载、疲劳、松弛试验。

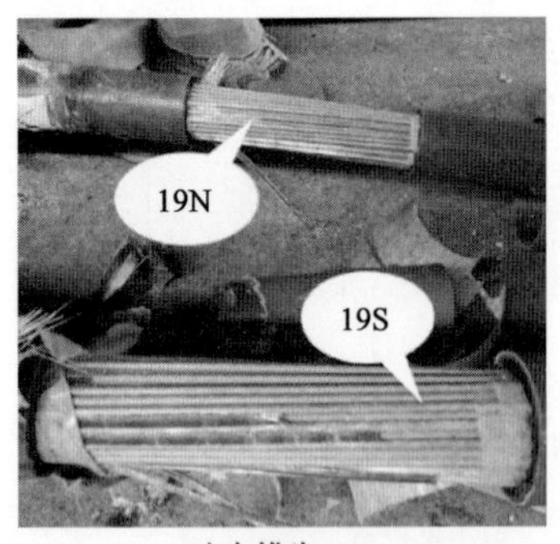

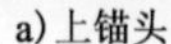
a)上锚头

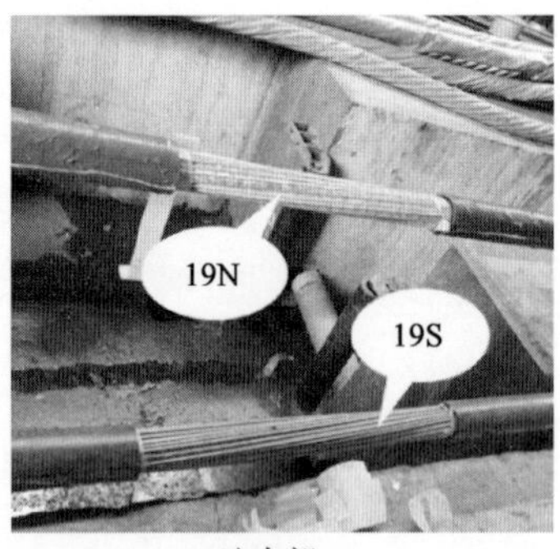

b)中部

c)下锚头

图3.29　试验吊索

3.5.2　试验概况及结果分析

3.5.2.1　整索疲劳试验

整索的疲劳试验和静载试验索(图3.30)制作中,保留一端原吊索锚具,另一端采用工具锚进行锌铜合金灌注,工具锚试验性能不低于原锚具,确保试验的效果。制作了3根索股,采用相同的应力幅进行疲劳加载试验,相关加载参数见表3.6。

图3.30　试验索

吊索疲劳试验参数　　表3.6

试　验　索	加载频率(Hz)	应力幅(MPa)	疲劳荷载上限(kN)	疲劳荷载下限(kN)
19S/A	1.265			
19N/A	1.305	150	1 176	855
19S/B	1.500			

试验结果显示:对于19S/A试验索,试验加载至85万次左右时,吊索有1根钢丝突出,反复加载至近130万次时,试验索索体断丝4根,位移突变100mm,吊索索体从叉耳段锚具中脱出,如图3.31所示。对于19N/A试验索,反复加载350万次左右时,试验索索体断丝1根,吊

索铸体及锚具无异常。对于19S/B试验索，反复加载至200万次后，试验索索体无断丝，吊索铸体及锚具无异常。

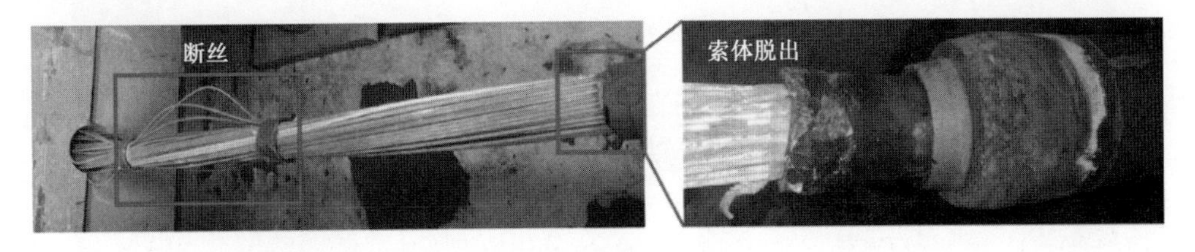

图3.31 疲劳试验现象

3.5.2.2 整索静载试验

对上述3根吊索进行静载试验，如图3.32所示，其中19N/A、19S/B 2根试验索是在通过疲劳试验后开展。整索静载试验加载过程为：首先确认整索极限荷载(Pb)，由0.1Pb开始，加载速率不大于100MPa/min，每级递增0.1Pb并持荷2min，逐级加载至0.5Pb，持荷10min后继续加载，每级递增0.05Pb，并持荷2min，直至荷载不小于0.95Pb，卸载后检查吊索情况。整索静载试验结果见表3.7，3根索在静载作用下，铸体及锚具均无异常，满足现行规范要求。

图3.32 整索静载试验照片

整索静载试验结果 表3.7

试验索编号	19N/A	19S/B	19N/B
试验最大荷载 F_{max} (kN)	3 361 (100% Pb)	3 262 (97% Pb)	3 198 (95.1% Pb)
试验索断丝情况	未增加断丝	断1丝	无断丝
试验索铸体及锚具情况	铸体及锚具无异常	铸体及锚具无异常	铸体及锚具无异常
备注	3 570 153 次疲劳试验后	2 000 046 次疲劳试验后	

3.5.2.3 钢丝检测试验

1）钢丝试件

由于钢丝的锈蚀主要都是发生在吊索的下锚具附近，而此区间的吊索留作疲劳试验试件制作用。因此,采用未出现红锈的钢丝进行检测试验,如图3.33所示。

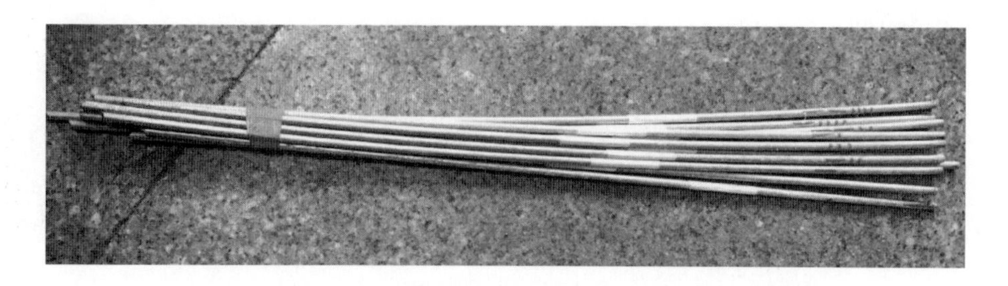

图3.33 钢丝试件照片

2)解剖检查

对19S/A疲劳试验索的锈蚀情况,疲劳试验后断丝情况(图3.34),以及原锚具锚固情况进行解剖检查,发现109根钢丝在疲劳试验中全部断裂,锚具连接筒内均填充发泡材料,锌铜合金铸体未见异常。

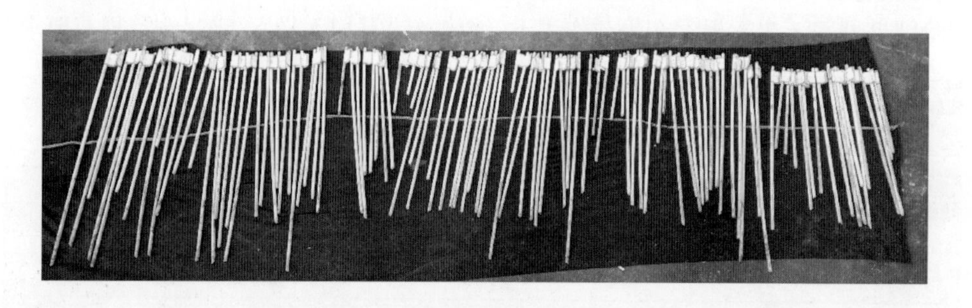

图3.34 解剖后的断丝

在解剖观察的基础上,参考美国《悬索桥平行钢丝绳的检验和强度评定指南》(NCHRP REPORT 534),将本次检测钢丝锈蚀等级分为4个等级,统计各等级腐蚀钢丝的数量,见表3.8,并根据钢丝的实际位置,得到钢丝锈蚀分布图,如图3.35所示。

锈蚀等级数量统计表 表3.8

锈蚀等级		1	2	3	4
等级含义		无腐蚀(允许局部存在点状氧化锌)	钢丝表面覆盖白锈,但未见红锈	钢丝表面有红锈存在,面积不大于30%	红锈面积大于30%
断丝处	数量(根)	1	12	42	54
	比例(%)	1	11	38	50
未断丝处	数量(根)	0	100	3	6
	比例(%)	0	91	3	6

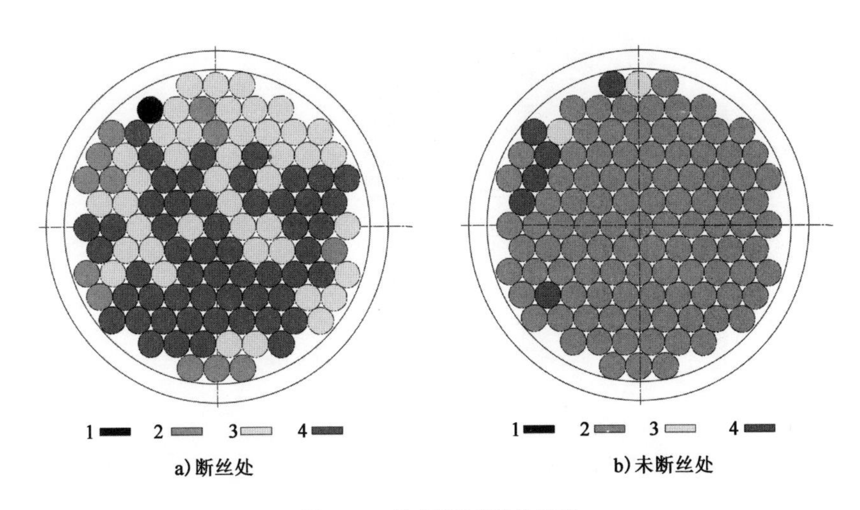

图 3.35 吊索锈蚀等级分布图

3)钢丝强度试验

选取未锈蚀的206根钢丝进行强度试验,试验在钢丝拉伸试验机上按《桥梁缆索用热镀锌钢丝》(GB/T 17101—2008)要求进行,试验检测项目与结果见表3.9,相关参数满足规范要求。

钢丝强度试验结果 表3.9

检测内容	平均值	最大值	最小值	规范值	备注
钢丝直径(mm)	5.05	5.09	5.03	—	
钢丝不圆度	0.01	0.02	0	≤0.06	
抗拉强度(MPa)	1 719	1 744	1 694	1 570	
屈服强度(MPa)	1 599	1 666	1 517	1 330	
延伸率(%)	4.7	5.5	3	≥4	3根不符
弹性模量(GPa)	207	209	203	—	

4)钢丝疲劳试验

选取10根钢丝进行疲劳试验(图3.36),试验按照《桥梁缆索用热镀锌钢丝》(GB/T 17101—2008)要求进行。疲劳试验按上限荷载13.87kN(0.45F_{max}),下限荷载6.80kN,应力幅值360MPa,试验温度为20℃,反复拉伸200万次均未断裂。

5)钢丝应力松弛试验

选取2根钢丝进行应力松弛试验(图3.37),试验按照《桥梁缆索用热镀锌钢丝》(GB/T 17101—2008)要求进行。应力松弛试验初始荷载为公称荷载的70%(21.58kN),试验温度为20°C。

图3.36　钢丝疲劳试验

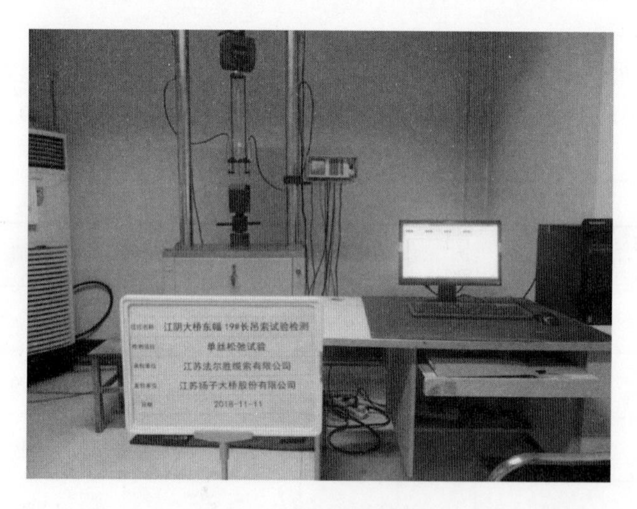

图3.37　钢丝松弛试验

试验结果显示,2根钢丝120h松弛率分别为3.0%和2.8%,推算1 000h松弛率分别为4.0%和3.9%,钢丝推算1 000h松弛率大于Ⅱ级松弛(不大于2.5%),小于Ⅰ级松弛(不大于7.5%)。因此,判定该钢丝目前的表现为Ⅰ级松弛钢丝。

对未锈蚀的钢丝开展的疲劳试验、静载试验以及钢丝强度试验,其结果表明在服役近20年后,钢丝的疲劳性能、强度等方面基本能够满足现行规范要求。

同时,通过旧吊索的整索及钢丝的试验评估显示,吊索钢丝的锈蚀对于吊索的疲劳性能有着较大的影响,19S下锚头附近及连接筒内钢丝存在锈蚀,且连接筒内钢丝锈蚀严重,从而导致整索疲劳试验至129万次钢丝断裂。因此,在未来的管养工作中应加大对吊索的检查频率,监测锈蚀发展情况。建议对吊索下锚头附近钢丝锈蚀情况进行直观的PE开窗检查。在锈蚀部位容易导致疲劳断裂,在日常的检查和养护中应加强下锚头部位钢丝锈蚀情况的检查。

通过此次评估试验,了解到已使用十几年的吊索的性能,为今后同类桥梁吊索的检查、监测以及养护的策略完善提供了重要的数据支撑。

④ 主缆锚固系统养护

4.1 日常检查

锚固系统作为主缆的重要反力点,其安全性事关全桥结构安全。锚固系统通常位于锚室内部,主要包括散索鞍和预应力锚杆。由于散索鞍功能的特殊性,主缆钢丝经过散索鞍后通常被分为多道钢束分别锚固在预应力锚杆上,因此锚室内部钢束的防护难以与外部主缆钢丝的防护方式一致。江阴大桥根据锚碇结构特点,定期开展结构巡检,一般性的结构检查方法采用人工目视检查,主要针对锚室湿度、锚碇混凝土状况等内容进行检查,而对于特殊的结构性能,则采用专业仪器设备。具体检查内容包括:

(1)锚室内湿度是否正常(<45%);锚体周围护坡、排水设施是否存在塌陷、沉降、缺损、堵塞现象,有无垃圾堆积、杂草丛生,各排水设施和人行台阶是否完好。

(2)锚碇中各预埋铁件和锚杆是否存在缺漆、锈蚀、脱焊、松动或缺损现象。

(3)锚室内各类标志、通信、照明、排风是否完好,有无缺损。

(4)锚室内外爬梯有无锈蚀;锚碇及锚杆有无异常拔动、滑移、锚碇混凝土有无开裂、渗水;散索鞍座和锚杆固定处界面混凝土是否存在开裂或裂纹。

(5)各混凝土后浇段,各截面突变处的混凝土,有无开裂或裂纹。

(6)混凝土表面有无裂缝、渗水、表面风化剥落、露筋、空洞和钢筋锈蚀,是否存在硅碱反应引起的龟裂现象。

(7)锚室盖板在跨中有无开裂和变形,两端锚固是否可靠。

(8)锚碇周围的回填和各排水设施有无沉降、滑移和断裂。

(9)锚室内不锈钢接水槽、排水管有无破损、脱节,室内排水系统是否通畅;螺丝孔及各接缝位置有无渗水;南锚平台顶面防水有无起泡、破损、开裂。

(10)主缆进锚处有无渗水现象。

表4.1列出了锚碇检查中需要重点关注的部位。这些部位由于受力和结构几何的突变,更加容易产生问题,在检查中应重点关注。

锚碇重点检查部位 表4.1

序号	重点检查部位	产生问题
1	截面尺寸变化处、后浇筑段的界面处	裂缝 压碎(拉脱)、渗水
2	主缆索股锚固处混凝土、散索鞍处混凝土	
3	锚室盖板跨中、支点和1/4跨径处	
4	南锚碇悬臂板	
5	主缆锚固端分层混凝土结合面	

4.2 锚室温湿度检查

为提高锚室内部钢束的耐腐蚀性能,除在钢束外部涂抹防腐涂层外,改善锚室内部的环境也是锚固系统养护的重要手段。

针对主缆钢束防腐需求,锚室内部的渗水情况、混凝土裂缝情况、排水设施情况,以及内部的温湿度和除湿系统的工作状态已成为锚室专项检查的重要内容。其目的是通过定期检查,确保锚室内部湿度值在允许范围内(<45%)。由于锚室体积大,为保证检测数据的可靠性和有效性,通常在锚室内部的散索鞍和锚固区共选择10个离散点进行集中测量(图4.1),并按照以下流程检测:

(1)采用经过严格校准的手持式温湿度仪,在每一个测点停留1min,读取并记录温湿度数据。

(2)每一测点的测量值应为3个不同高度测量值的平均数,测量时探头距离测量者身体300mm以上,如图4.2所示。

(3)对设备传感器显示数据进行比较,出现较大偏差时,以手持设备为准。

(4)当手持设备显示数据持续出现±2%的波动时,应改变测量位置,避免空气流动。

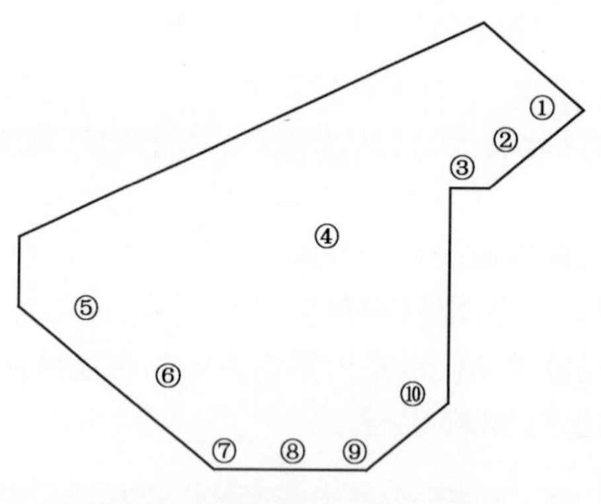

图4.1 锚室检测区域划分示意图

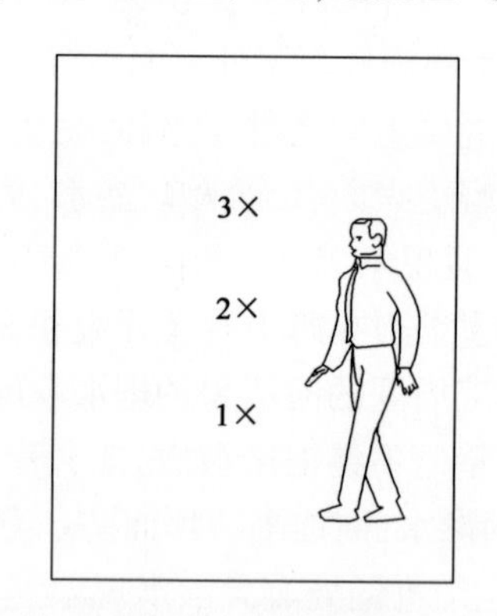

图4.2 测点分布

4.3 锚室渗水处理

4.3.1 南锚室渗水处理

大桥南锚室顶板为空心板拼接铺设,空心板之间有湿接拼缝。虽然空心板上部浇筑有C25防水混凝土,空心板之间填充有C30混凝土,但在车辆荷载作用下,以及混凝土材料本身特性,不可避免出现微裂缝,导致在空心板湿接缝及两端墙面接缝上出现渗水的现象,增大了锚室内部的湿度,对主缆钢丝抗腐蚀产生不利影响。为解决南锚室渗水问题,通过对多种渗水处理方案的研究论证,最终采用“以堵为主,疏堵结合”的处理方法,即空心板湿接缝内采用新型修补材料的同时,在锚室顶板下面安装集水槽。南锚室集水槽和顶板缝封缝压浆如图4.3和图4.4所示。新型接缝修补材料主要为PUI弹性密封膏、EA改性环氧灌浆材料、LZ建筑结构胶、丙乳砂浆、PU4改性聚氨酯灌浆材料;集水槽为不锈钢,安装于每道空心板湿接缝部位,将渗下来的水经过集水槽汇入总管并及时排除。经过南锚室顶板止水处理,在之后的锚碇检查中,南锚室漏水现象得到显著缓解,降低了锚碇内部的湿度,对主缆钢丝的防腐起到了显著效果,还提高了南锚碇的耐久性。

图4.3 南锚室集水槽

图4.4 顶板缝封缝压浆

4.3.2 北锚室渗水处理

大桥北锚为重力式混凝土锚碇,主要问题表现为外表面后浇段接缝处温缩徐变等非结构性裂缝,导致雨水等在裂缝处堆积渗透,影响混凝土耐久性,如图4.5所示。为了提高北锚碇结构耐久性,防止渗水进一步影响其内部的主缆锚跨索股钢丝、散索鞍等,2017年采用内外结合方式进行了综合处理。对于锚碇外表面裸露的混凝土利用防水涂装进行防护,对于内部的裂缝采用封缝灌浆的方法来处理渗水问题。通过北锚碇的防护涂装和内部的封缝灌浆工作,不仅增强了锚碇整体的美观性,还有效提高了北锚碇混凝土结构的耐久性,北锚碇渗水问题得到解决,对锚碇内部钢丝的腐蚀防护以及稳定内部的温湿度起到了积极效果。

a)侧墙裂缝、渗水

b)散索鞍处顶板渗水

图4.5 北锚碇问题

涂装仅针对北锚碇墙面以及斜屋面进行涂装设计。在涂装之前必须将墙面以及斜屋面表层的仿石漆凿除,然后针对墙面以及斜屋面基层病害进行处治,特别是需要针对墙面的竖向裂缝、斜屋面的渗水通道、屋顶女儿墙渗水路径进行处治,确保基层不漏水,然后再进行本次的防护涂装施工,即:防护涂装是在北锚碇结构性病害(裂缝等)、基层渗水病害处理完毕后进行的涂装。通过多方研究和技术论证,最终确定北锚碇防护涂装结构体系,见表4.2。

混凝土防护涂装涂层

表4.2

序号	涂层结构	涂层功能	材料
1	补强层	对旧混凝土表面进行专门处理,提高其强度,确保整体涂层与基层结合牢固	水性渗透补强胶
2	腻子层	修整基层表面缺陷,提高平整度、外观质量,提高抗裂性和封闭性	耐水高强腻子
3	底涂层	封闭基层和腻子层,阻隔其碱性成分泛出,提高中涂层附着力	桥梁专用漆封底漆
4	中涂层	增加涂层厚度,提高涂层的韧性、封闭性和抗裂性	桥梁专用中间漆
5	面涂层	展示色彩效果,防水、隔气、抗老化,提高整体涂层的耐久性	桥梁专用面漆

在涂装设计阶段应制定详细的施工工艺流程,严格实施过程控制,确保每一步的施工质量。除此之外,对于不同部位的处理,也需要满足特定的要求,尤其是基层的处理特别重要。因为基层表面的牢固、清洁、平整程度以及基层的含水率和碱性等是影响涂装工程质量的关键,若基层表面处理不当,会导致涂层起泡、空鼓、翘皮、脱落。具体的处理方法如下:

(1)对于混凝土表面存在一定程度的碳化、风化,暴露的钢筋及预埋钢板锈蚀。涂装施工前,应对基层进行仔细调查,确认其表面病害程度,经处理后才能正式进行涂装施工,以免由于涂装对混凝土结构缺陷造成遮盖。

(2)全面打磨。用电动打磨机或电动钢丝刷对基层进行全面打磨清理,清除表面的浮灰、风化层、残浆、锈迹、结晶盐和脱模剂等污染物。应用钢钎凿去模板接头错台较大的部位及凸出物,处理至平顺;用电动打磨机将模板接头处打磨平顺(包括已剔凿的接头)。

处理后的基层必须干净,没有浮尘、油污、霉菌等。可用压缩空气、高压水枪和人工打磨相结合的方式,彻底清理基层疏松物、杂质和浮灰。用二甲苯或其他洗涤剂去除油污,用5%~10%的氟硅酸镁或漂白粉水溶液洗净霉菌。

另外,在涂装过程中对施工环境有一定的要求。施工环境主要考虑温度与湿度两项因素,其中温度通常要求10~35℃施工,施工时空气湿度不宜超过80%,一般以湿度50%~70%为最佳,表4.3给出了北锚碇防护涂装作业施工环境条件要求和检测要求。如现场条件达不到以上基本施工环境要求,可根据实际情况采取相应措施来满足涂装施工环境要求。

防护涂装作业环境条件要求及检测要求

表4.3

项目	条件要求	检测要求
环境温度	10~35℃为宜	每2h一次
相对湿度	低于80%,以50%~70%为最佳	每2h一次
混凝土表面温度	高于露点温度3℃以上	涂装前测一次
禁止条件	①大风及雨、雪、雾等环境下禁止施工作业; ②雨天前后不能涂装施工,雨后基材干燥后方可再次施工,施工后24h内避免雨淋; ③风沙、粉尘下禁止施工作业	—

通过北锚碇的防护涂装工程,不仅增强了锚碇整体的美观性,还有效提高了北锚碇混凝土结构的耐久性,对锚碇内部钢丝的腐蚀防护起到了积极效果。

⑤ 其他重点构件养护

5.1 索夹螺杆

江阴大桥全桥索夹共分为 A、B、C、D、E、F、G、H、K9 种类型，其中 A、B、C、D、E、F 为有吊索索夹，G、H、K 为无吊索索夹。采用 M48 螺杆，全桥共计 1 596 根螺杆，其中有吊索索夹螺杆 1 216 根，无吊索索夹螺杆 376 根，具体构造如图 5.1 所示。

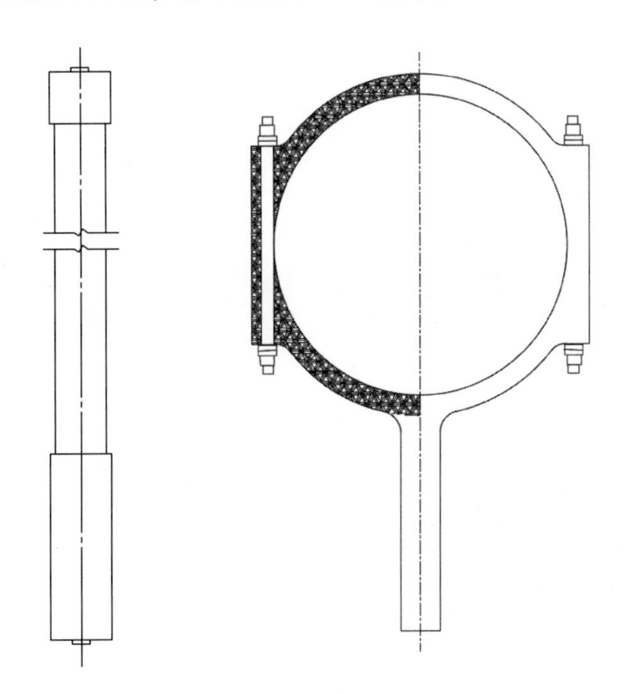

图 5.1 螺杆构造(左)与索夹 D 构造(右)

5.1.1 索夹外观检查

索夹螺杆的外观检查为缆索系统日常检查的组成部分，具体检查内容为：确认索夹有无缺失、损伤、松动；索夹有无错位、滑移；索夹面漆有无起皮脱落；密封填料有无老化、开裂；索夹外观有无裂缝及锈蚀。索夹滑移的限值控制在 10mm 内，否则应对索夹进行复位。

索夹外表面会产生涂膜起泡、开裂、脱起、粉化、生锈等典型病害，针对此病害一般按以下方法进行处理：

(1)刮除所有损坏涂膜，直至完好涂膜边缘。

(2)如有锈蚀用铁砂纸或电动打磨机除去表面锈迹，直至 St3 级，并用溶剂清洗。

(3)保持表面干燥、清洁。

(4)使用 Leigh's M670 环氧酯底漆刷涂第 1 道，干膜厚度 50μm，20℃以上。

(5)气温干燥 24h 后，可开始刷涂第 2 道。

(6)依据涂装体系,共刷涂4道涂层,干膜厚度保持为185μm。

5.1.2 螺杆力检测

索夹螺杆进入运营期后,紧固力会因车辆荷载或主缆内镀锌钢丝受压蠕变等原因持续下降。索夹依靠螺栓夹紧主缆,如果螺栓的紧固力降低,在吊索沿主缆方向的分力作用下,可能出现滑移。索夹滑移会造成吊索和加劲梁内力重分布,使滑移索夹的吊索拉力减少,相邻吊索拉力增大,加劲梁弯矩增加,严重时还会造成全桥线形变化和引起受力改变。

服役期螺杆紧固力下降难以避免,为此大桥定期开展了螺杆检测和紧固补张工作,并对锈蚀损伤严重的螺杆及时进行更换。

螺杆力检测设备由两部分构成:机械部分和超声测量部分。机械部分由千斤顶、套筒、螺母、油泵等构成,通过千斤顶控制螺杆端部张拉力;超声测量部分由主机、超声探头、温度探头等构成,通过探测声波在螺杆内的行走时间测量螺杆长度。螺杆力检测设备如图5.2所示。

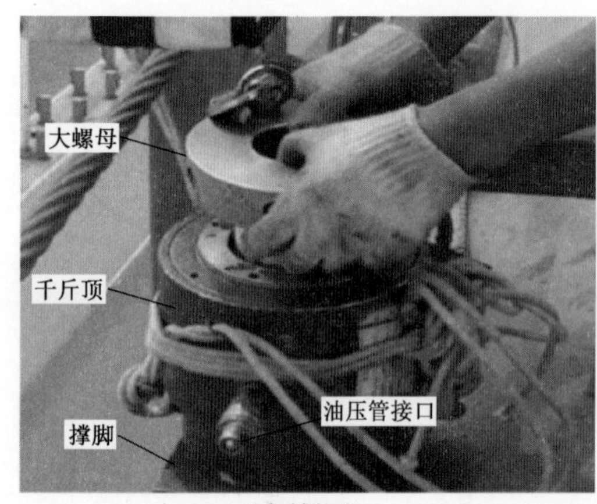

a)机械部分

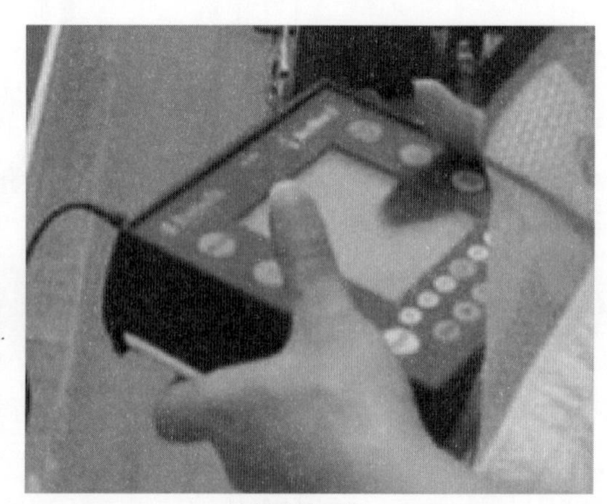
b)超声波部分

图5.2 螺杆力检测设备

随着螺杆端部拉力 F_i 的不同,螺杆受力状态会发生转变,大桥利用螺杆受力状态转变的特性,测量螺杆预紧力。当螺杆端部拉力小于螺杆预紧力时,由于螺母的约束作用,在螺杆上端所受拉力不断增大的过程中,上下螺母间螺杆长度和应力状态均保持不变,此时螺杆的受力状态相当于两段杆,此时有公式:

$$F_i = \Delta L \times \frac{E \times A}{L_1} \tag{1}$$

当螺杆端部拉力等于或大于螺杆预紧力时,端部螺杆和上下螺母间螺杆开始共同受力,此时有公式:

$$F_i = \Delta L \times \frac{E \times A}{L_1 + L_2} \tag{2}$$

式中:ΔL——螺杆长度伸长值;

L_1——端部螺杆长度;

L_2——上下螺母间螺杆长度。

以 ΔL 为横坐标，F_i 为纵坐标，将测试过程中所记录的数据绘制于直角坐标系中，典型曲线如图 5.3 所示。两段直线斜率的突变点所对应的 F_i 即为螺杆预紧力大小。

江阴大桥索夹螺杆设计预紧力为 700kN。根据螺杆施工期资料，螺杆未受力时长度为 910mm，直径为 41mm，施工记录螺杆伸长量约 2.5mm。据此，可推算出施工时螺杆预紧力为 717kN。

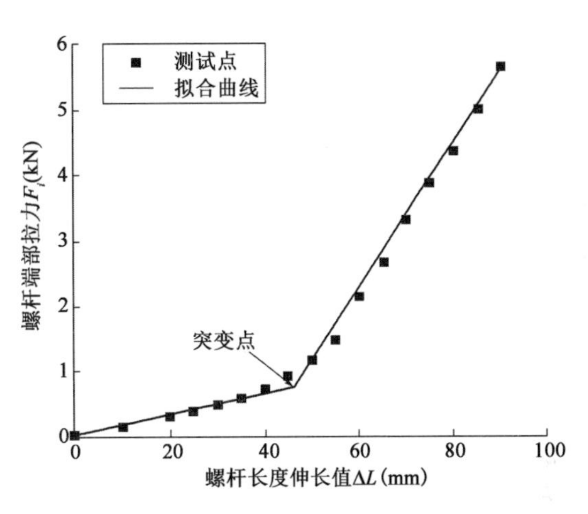

图 5.3 测试记录数据典型曲线

大桥自 2002 年至 2019 年共开展 6 次螺杆检测和紧固补张工作。2002 年进行了全桥 1 532 根螺杆紧固，张拉吨位 930kN。2009 年，对部分索夹螺杆进行了检测，资料数据中未获得可信的数据，计算得到预紧力为 125kN。2014 年，对全部索夹螺杆进行了检测和补张，螺杆补张过程中张拉力控制标准为 700kN。自 2017 年开始，大桥每年抽取上游侧、下游侧 44 个索夹共计 336 根螺杆进行检测，考虑到立柱遮挡导致部分螺杆检测及补张不能在索夹上方完成，实际可测螺杆数量为 248 根(约占主跨螺杆总量的 20%)。在螺杆残留力检测完成后，对螺杆进行补张，控制螺杆力为 600kN。

根据 2017 年、2018 年、2019 年检测结果，3 年检测螺杆共计 744 根，螺杆残余力平均值大于 560kN(设计值的 80%)，其中螺杆残余力在设计值 70% 以上的螺杆占整体比例 85% 以上。检测结果表明，大桥螺杆检测和紧固补张工作具有成效。

将 2019 年检测结果与 2014 年检测结果进行对比，分析可得 5 年期间螺杆残余力从 668kN 下降至 591kN，下降幅度约 11.5%，应根据不同部位螺杆预紧力下降情况具有差异(表 5.1)，定期安排螺杆检查与补张。

螺杆残余力数据汇总(单位:kN) 表 5.1

索夹类型	上游			下游		
	2014 年	2019 年	损失率(%)	2014 年	2019 年	损失率(%)
A	664	587	11.6	698	596	14.6
B	645	570	11.6	667	589	11.7
C	682	590	13.5	663	595	10.3
D	632	576	8.9	645	592	8.2
E	692	627	9.4	709	634	10.6
F	723	620	14.2	740	633	14.5
平均值	673	595	11.5	687	607	11.6

注:2014 年螺杆力数据为补张后测试力，损失率 = 1 - (2014 年数据 - 2019 年数据)/2014 年数据。

按照索夹类型及位置分布将测试数据汇总,分析索夹螺杆残余力与桥塔位置的关系,数据汇总见表5.2。南塔区域螺杆力略低于北塔,南、北塔侧螺杆力衰减幅度接近。

南塔、北塔处索夹螺杆力汇总(单位:kN) 表5.2

索夹类型	北塔			南塔		
	2014年	2019年	损失率(%)	2014年	2019年	损失率(%)
A	723	632	12.6	639	551	13.8
B	684	602	12.0	628	558	11.1
C	689	612	11.2	655	574	12.4
D	649	599	7.7	628	569	9.4
E	699	628	10.2	702	633	9.8
F	728	615	15.5	735	638	13.2
平均值	695	615	11.5	665	587	11.6

注:2014年螺杆力数据为补张后测试力,损失率=1-(2014年数据-2019年数据)/2014年数据。

5.1.3 螺杆更换

由于螺杆部位结构形式复杂,所以螺杆的寿命往往低于吊索本身。螺杆直接暴露在空气中,其表面很容易出现镀层破坏、锈蚀、膨胀起鼓现象,应及时对腐蚀损伤严重的螺杆进行更换。

图5.4 旧螺杆表面锈蚀情况

螺杆检查与维护过程中应对螺杆上、下端外露长度进行测量,若发现部分螺杆下端外露长度较短,应考虑到后期张拉过程中螺杆下端外露长度的储备,防止螺杆下端外露长度过短导致张拉过程中螺杆滑脱,且应对部分螺杆进行更换。

江阴大桥于2018年完成20根螺杆的更换工作,并对部分索夹螺杆卡死情况进行检查。更换的旧螺杆表面腐蚀严重(图5.4),经过检测发现旧螺杆的力学性能良好,最小破断力为1 372kN,上、下端螺纹处已出现变形。

根据现场实际情况,部分螺杆因为各种原因存在卡死情况,导致其无法正常取下。故针对不同情况的螺杆制订不同的更换方法。若螺杆不存在卡死情况,其更换步骤如下:

步骤1:将螺杆上端外露部分清理干净并安装好千斤顶。

步骤2:利用千斤顶对螺杆上端施加拉力,将螺母拧至松动。

步骤3:拆下千斤顶,将螺杆下端用安全绳固定,人工将上端螺母拧下,将螺杆从索夹下端缓慢抽出。

步骤4:将换下的旧螺杆固定于检修小车上,将新螺杆下端垫圈及螺母拧至指定位置,保证螺杆下端有160mm的外露长度。

步骤5:将新螺杆从索夹下端套入,将上端垫圈及螺母安装好后利用千斤顶将螺杆预紧力补张至65t。

若拆卸过程中螺杆存在卡死情况,则需对旧螺杆上端螺纹进行打磨,顺利将螺杆取下后对索夹安装孔内异物进行清理,重复上述步骤4~步骤5安装新螺杆,保证螺杆外露长度并紧固至目标力(65t)。螺杆安装步骤图如图5.5所示。

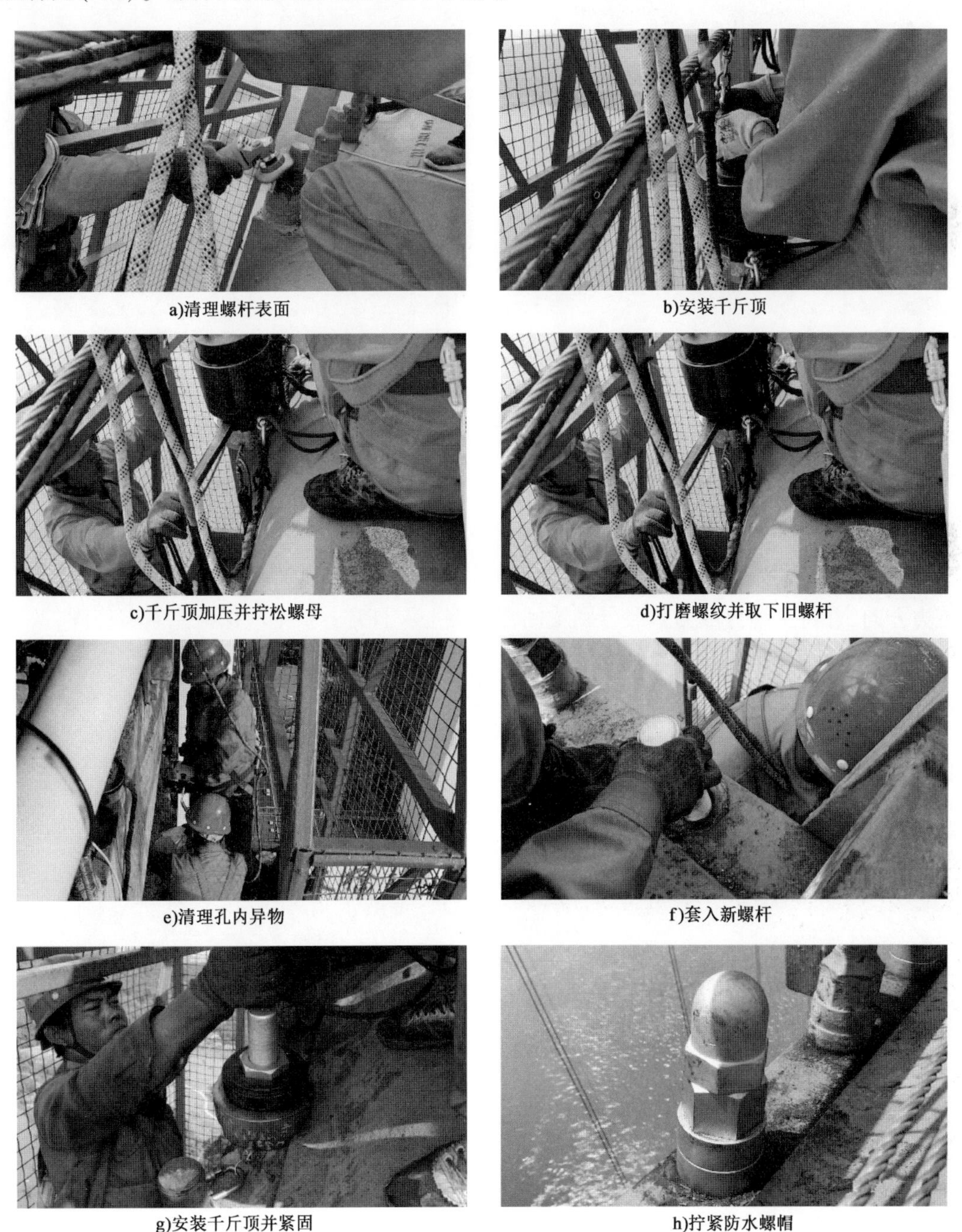

a)清理螺杆表面　b)安装千斤顶

c)千斤顶加压并拧松螺母　d)打磨螺纹并取下旧螺杆

e)清理孔内异物　f)套入新螺杆

g)安装千斤顶并紧固　h)拧紧防水螺帽

图5.5　螺杆更换安装步骤图

螺杆常因螺纹在被渗入的直缝胶或主缆钢丝卡死(图5.6),若发现螺杆存在卡死情况,拆卸过程中则无法顺利取下。螺杆卡死情况对螺杆更换工作造成了一定障碍,大桥采用打磨螺纹的方式将螺杆取出,利用电锤对索夹安装孔内的密封胶进行清除,新螺杆无须打磨螺纹便可顺利安装。

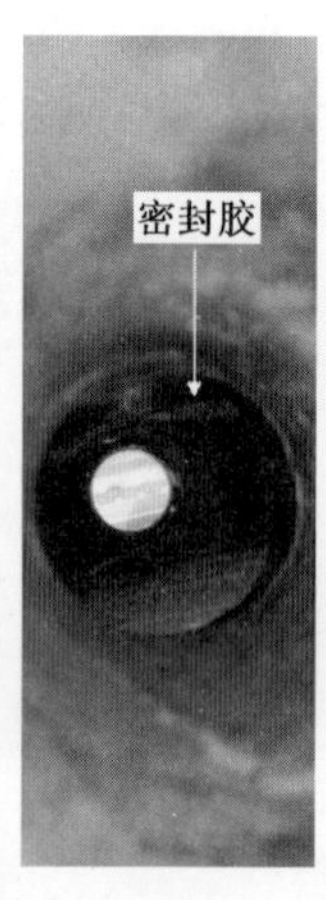

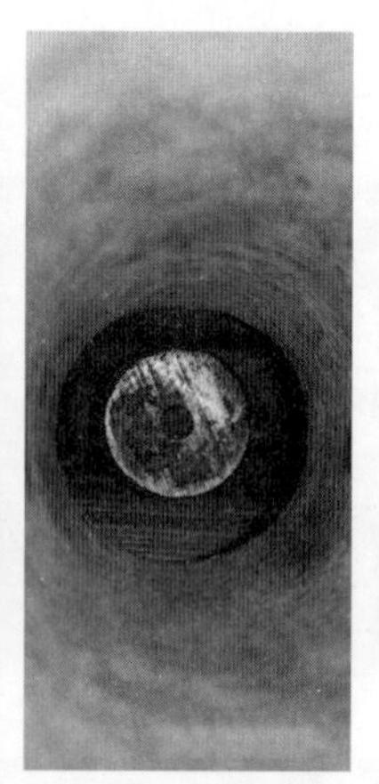

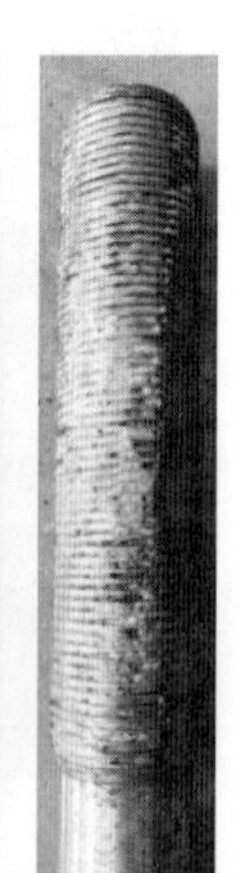

图5.6 螺杆卡死情况

5.2 索鞍

索鞍分为主索鞍和散索鞍,主索鞍的作用为传递主缆压力至主塔,散索鞍的作用为改变主缆传力方向,并将主缆分散为索股分别锚固在锚碇上。日常养护中应保证主索鞍稳固,散索鞍变位顺畅,索鞍偏移量在设计允许范围内。

大桥主缆与主索鞍间未产生较大位移,总体技术状况良好,主索鞍如图5.7所示。主索鞍病害主要分为鞍罩涂层损坏和鞍室局部积水,大桥后续已对鞍罩进行重新涂装,对鞍室水密门密封条进行更换,并定期进行检查维护。

a)鞍室

b)鞍罩

图5.7 主索鞍

大桥散索鞍总体技术状况良好,未发现大面积锈蚀和结构性缺损,仅部分散索和螺栓发生局部锈蚀,散索鞍如图5.8所示。

a)北锚室散索鞍

b)南锚室散索鞍

图5.8 散索鞍

大桥索鞍养护基本要求如下:

(1)索鞍钢构件涂层出现轻微涂层劣化时,应进行维护性涂装。

(2)索鞍应保持干燥状态、清洁,无漏水、积水。

(3)固定索鞍及鞍座所含槽口拉杆、鞍体对合螺栓、鞍座固定螺栓等,应每3年检查重拧一遍,防止松脱。

(4)更换存在脱落、卡嵌、剩余磨耗厚度过低现象的散索套四氟滑板。

(5)索鞍的辊轴或滑板应保持正常工作状态,定期更换润滑油或防锈油,发现润滑油或防锈油失效的应立即更换。

大桥索鞍修护基本要求如下:

(1)索鞍应保持正常工作位置,监测其偏位是否超限。若偏位满足要求但量值较大,应加密频次进行监测,同时应进行桥塔变位检测,根据塔身受力决定是否采取修复措施。

(2)主索鞍和散索鞍(套)锚栓、鞍槽口拉杆螺栓及其他固定螺栓或对合螺栓出现开裂或断裂,应及时更换。

(3)鞍座及构件如出现裂纹,可先在裂纹尖端钻孔止裂。如裂纹不再进一步发展,可不做进一步处理。如发现裂纹进一步扩展,再采取适合的加固方案(采用高强度螺栓连接或补焊)。由于鞍座承受巨大的集中力,此种修补需要十分慎重,必要时应关闭交通甚至考虑进一步卸载。补焊时要研究刨去的范围和深度、补焊工艺与程序,补焊最好一次完成,构件较大、较厚时,应考虑预热。此后的运营中,仍需注意观测该处是否有新裂纹产生。

(4)索鞍出现较严重裂纹并不断扩展,无法修补或经修复仍然继续开裂的,应进行专项研究,并论证合适的修复方案。

(5)索鞍修复,按要求做好防护涂装。

(6)两半散索套本体之间的间距超出设计允许限值,应张拉对合螺杆使两半散索套本体的间距恢复到设计位置。

(7)索鞍修复施工过程中不能损伤主缆钢丝,发现索股断丝应予修复。

(8)索鞍涂层破损宜在定期检查后进行集中修复处治。

⑥ 总结与展望

6.1 总结

缆索系统作为悬索桥结构安全的重要构件之一,保障缆索系统结构安全和耐久性是提升大桥服役寿命的重要途径。由于早期技术、施工、材料等方面的不足,江阴大桥缆索系统难以避免地产生了诸如钢丝锈蚀、主缆防护层脱落、渗水、积水、轴套磨损等病害。为了攻克悬索桥缆索的养护问题,满足实桥服役环境下的养护需求,公司在缆索系统方面联合国内多家技术力量,开展了全方位的综合整治和养护,不仅有效提升了缆索系统的服役寿命和结构可靠度,也形成了缆索养护的成套关键技术,积累了缆索养护的宝贵经验。主要工作如下:

(1)升级改造主缆防护体系,提升主缆防护等级

大桥建成之初主缆防护主要采用"不干性密封膏+缠丝+外防护涂层"的防护结构体系,但是在多年运营中发现早期的防护体系的耐久性存在问题,导致防护层脱落、局部渗水等问题频繁产生,影响主缆内部的钢丝耐久性。为解决主缆防护问题,在现有主缆防护体系基础上,采用"不干性密封膏+缠丝+聚硫橡胶包覆层+881系统重防护涂装体系"进行升级改造,防护性能得到显著提升,效果明显。

(2)实施主缆开缆检查,掌握内部钢丝状态

为进一步掌握多年主缆服役状态,直接观察内部钢丝状况,首次进行了主缆的开缆检查工作。不仅准确掌握了主缆内部钢丝情况,还形成了既有悬索桥主缆开缆检查关键技术。同时,在开缆检查工作结束后,设置了永久性观察窗,以便今后更加直观有效地对主缆的钢丝锈蚀情况进行评估。

(3)既有悬索桥增设主缆除湿系统,实现主动防护

江阴大桥在建成之初主缆尚未设置除湿系统,这使得早期的主缆养护通常以被动性养护为主。随着技术进步,为了改变过去被动性养护局面,首次提出了在既有主缆上增设除湿系统的养护方案,并成功实施,形成了内外结合的成套主缆防护技术体系,有效改善了主缆的服役环境,极大延长了主缆的使用寿命。主缆除湿系统的增设,为后续新建桥梁主缆的防护设计提供了重要的参考,其中在既有悬索桥上增设主缆除湿系统成为我国首个成功的工程实践案例。

(4)研发新型吊索轴套,攻克传统轴套易磨损问题

针对短吊索服役期间发现的传统DU轴套容易磨损并发生穿孔、碎裂的问题,专门开展了短吊索销轴衬套材料的研究工作,采用了锡青铜镶嵌固体润滑剂轴套取代早期使用的DU轴套。工程实践表明,锡青铜材料轴套有着良好的耐磨性,通过长期观察发现吊索轴套的使用寿命得到大幅提升。

(5)开展长短吊索更换,形成吊索更换关键技术

日常检测中发现的部分吊索内部存在锈蚀的情况,考虑到吊索的实际使用寿命,为了保护该部位吊点的安全,对部分锈蚀相对较多的吊索进行了更换,包括若干短吊索和2根长吊索。由于当时国内尚无千米级长大桥梁吊索的更换经验,为了确保安全有效地进行更

换,在吊索更换前开展了大量的研究和分析工作,形成了基于“三吊点法”的短吊索更换和“五吊点法”的长吊索更换技术和工艺。同时,针对现场吊索更换工装的特殊需求,研发了挂篮、辅助牵引的专用装置,并制订了详细的施工流程和交通组织方案,可为今后同类型桥梁吊索更换提供参考。

(6)评估旧吊索服役性能,为后续吊索养护与更换提供科学依据

为了更好地掌握服役大桥吊索的受力性能,对更换下来的长吊索开展了包括钢丝的力学性能、吊索索体情况、钢丝疲劳寿命等试验评估。研究表明长期服役的吊索,未腐蚀或轻微腐蚀的钢丝仍能够满足吊索钢丝的基本受力和疲劳性能,满足设计要求,为后续吊索更换提供了重要的科学依据。通过对吊索解剖发现,吊索下端锚头部位的钢丝容易产生腐蚀问题,因此建议在日常检查中予以重视。

(7)多手段应对锚室渗水问题,全面提升锚室内钢丝耐久性

针对长期以来因混凝土劣化、开裂等原因造成锚室渗水而导致的内部湿度过高的问题,结合南北锚室结构特点,提出了“以堵为主,疏堵结合”的处治理念,并在此基础上,加强防水设施的检测和内部除湿系统的除湿能力,内外结合多手段全面保护主缆钢丝。

(8)持续加强附属构件养护,推动主缆养护的精细化工作

针对主缆系统中鞍座、散索鞍、索夹螺杆等附属构件,结合运营特点开展了包括增设鞍罩、索夹螺杆力检测和更换等系列养护工作,从整体到局部,从宏观到微观,不断推进缆索系统的精细化养护,全面保障缆索系统安全可靠。

6.2 展望

缆索系统作为整个大桥的重要“生命线”,传递着桥面上部结构的所有荷载,是大桥安全的重要组成部分,一直受到重点关注。为保障缆索系统安全,桥梁管养人员、科研人工、施工人员先后历经多年,在缆索养护方面开展了持续的探索和实践,取得了显著成果。随着社会经济的不断发展,以及对缆索养护工作的深入认识,目前在以下几个方面可以进一步开展相关工作:

(1)吊索下锚头部位锈蚀无损检测和主动防腐技术

在江阴大桥日常养护中发现吊索下锚头部位渗水和积水现象比较严重。通过旧吊索解剖和试验表明,下锚头积水部位吊索钢丝存在一定锈蚀,对于其吊索的疲劳性能有着一定影响,严重时容易引发疲劳断丝。然而由于江阴大桥吊索结构的特殊性,目前在吊索下锚头部位的养护工作开展难度较大,尤其是钢丝的锈蚀状态无损检测技术。对于吊索下锚头部位的渗水问题,一方面可以从吊索结构的防渗设计角度进行构造优化,另一方面可以开展吊索主动防腐技术研究,改变当前较为被动的养护局面,更好地提升吊索的耐久性和安全性。

(2)超长吊索更换技术

目前对于短吊索和长吊索更换已经积累了丰富的实践经验,但是对于主塔附近的吊索,因其长度特别长,在更换时可能会产生吊索伸长量不一致、索力偏差、邻近吊索索力变化等新的问题。如何有效更换超长吊索,或者如何更好地从设计阶段考虑超长吊索的更换是今后需要

研究的重要课题。

(3)预应力锚固索状态检测技术

预应力锚固索作为主缆体系重要的反力点,其安全性事关桥梁的结构安全,对服役较长时间的缆索而言,针对其进行检测和评估的工程意义重大。然而由于预应力锚固索的埋深大、隐蔽性强、干扰因素多,现有技术手段往往难以有效对内部索股的状态进行检测。这是当前在役桥梁养护工作中急需突破的关键技术。

另外,在养护制度方面,应充分树立“预防为主,防治结合”的理念,积极开展缆索系统养护技术研发和应急预案编制,结合现有工程成功的实践经验,开展缆索系统养护标准和工法研究,推动缆索系统养护的标准化和规范化。同时,考虑到不同悬索桥桥型结构特点和服役环境的差异,还需要针对性地开展缆索养护专业化装备的研发与集成,推动技术攻关和孵化,并积极培养专业的缆索养护队伍和人才,定位百年大桥,实现缆索养护的全寿命周期管理。

参考文献

[1] 饶建辉,吉林,吉伯海. 江阴长江公路大桥养护运营报告(1999 年—2019 年)[M]. 北京:人民交通出版社股份有限公司,2019.

[2] 饶建辉,董学武. 江阴大桥增设主缆除湿系统关键技术[M]. 北京:科学出版社,2016.

[3] 吉伯海,傅中秋. 钢桥[M]. 北京:人民交通出版社股份有限公司,2016.

[4] 江苏扬子大桥股份有限公司. 江阴长江公路大桥维护手册[M]. 2000.

[5] 江苏扬子大桥股份有限公司. 江阴长江公路大桥维护手册[M]. 2 版. 2004.

[6] 江苏扬子大桥股份有限公司. 江阴长江公路大桥维护手册[M]. 3 版. 2009.

[7] 江苏扬子大桥股份有限公司. 江阴长江公路大桥维护手册[M]. 4 版. 2015.

[8] 中华人民共和国交通运输部. 悬索桥用主缆平行钢丝索股:GB/T 36483—2018[S]. 北京:中国标准出版社,2018.

[9] 中华人民共和国交通运输部. 悬索桥索鞍索夹:JT/T 903—2014[S]. 北京:人民交通出版社,2014.

[10] 住房和城乡建设部标准定额研究所. 桥梁缆索用高密度聚乙烯护套料:CJ/T 297—2016[S]. 北京:中国标准出版社,2017.

[11] 周世忠. 江阴长江大桥建设中的重大技术问题[J]. 桥梁建设,2000(02):20-24.

[12] 陈策,吉林. 基于模型试验的悬索桥主缆空气流动阻力计算[J]. 桥梁建设,2010(06):40-43.

[13] 孙洪滨,陈雄飞,宁世伟,等. 悬索桥吊索新型轴套磨损对比试验研究[C]//中国公路学会桥梁和结构工程分会 2013 年全国桥梁学术会议论文集. 北京:人民交通出版社,2013:674-681.